실학의 숲에서
오늘을 보다

실학의 숲에서 오늘을 보다

김태희 산문집

실학의 숲을 걸으며

책 제목에 '실학'이 들어가 있다. 출판사의 아이디어다. 필자의 정체성을 소개하는 데 효과적이라 여긴 듯하다. 필자는 조선후기의 정치사상을 공부하고 있는데, 그 가운데 실학사상은 주요한 주제다. 사실 필자는 이른바 '실학'을 통해 깊이 배우려 하는 사람이다. 다시 말하면 실학을 '실학하려는' 사람이다.

그동안 썼던 칼럼 등을 몇 가지 카테고리로 엮어보면서, 자연스럽게 나의 주된 관심사 또는 글의 소재를 되돌아보게 되었다. 그것은 실학, 역사, 정치, 공동체, 세계, 여행 등이었다. 이를 통해 필자의 지향을 상기시킬 수 있겠다.

첫째, 스스로 실학의 관점을 견지하고 싶다. 필자는 정신과 물질의 조화, 세계와 주체의 관계, 일과 삶의 기풍 등에 관한 조선후기 실학자들의 고민과 주장에 관심을 기울이고 있다. 실학자들의 주장을 몇 단어로 압축하는 것은 무리다. 그렇지만 '실사구시(實事求是)', '도기상수(道器相須)', '법고창신(法古創新)', '공관병수(公觀倂收)', '인물균(人物均)'과 '화이일(華夷一)' 등의 단어는 필자가 되새김질하는 실학의 핵심이다. (*'도기상수'는 도덕과 물질이 서로 보완관계란 뜻으로, '수신제가'와도 통하고, '경세치용'·'이용후생'을 포괄하는 의미기도 하다.)

둘째, 역사는 오늘을 이해하는 데 매우 효과적인 통로이다. 또한 오늘을 사는 지혜를 얻기에 좋은 도구다. 소재가 정조의 정치인 것이 좀 있는데, 정조의 정치를 연구하는 사람으로서 자연스러운 결과다. 정조의 정치를 돌아봄으로써 배울 게 많다고 생각한다.

셋째, 공동체가 당면하는 과제를 해결하기 위해, 무엇보다 정치가 문제라고 생각한다. 갈등은 항상 존재하는데, 이를 관리하는 것이 정치의 일이다. 이름과 실제는 곧잘 괴리되는데, 양자가 어긋나면 정치는 소모적인 것이 된다. 우리의 바람직한 정치는 어떤 것일까? 늘 고민해야 하는 문제다.

넷째, 우리는 공동체 속에서 함께 살아가는 존재다. 공동선을 위해 공동체 안에서 벌어지는 현상에 좀더 관심을 가질 필요가 있다.

다섯째, 우리의 삶은 세계와 연결되어 있다. 세계 속 여러 집단과 개인이 어떻게 평화 공존할 수 있을까? 타자와의 관계를 어떻게 바라보고 어떻게 설정할 것인가의 문제다.

여섯째, 우리는 여행을 통해 많은 것을 배울 수 있다. 독서는 책을 통한 여행이고, 여행은 책을 통하지 않은 독서라고 말하는데, 양자는 서로 통하면서 각각의 효용을 갖는 행위다.

대부분 글이 이 가운데 하나에만 연관되지 않기 때문에, 글의 배치는 임의적일 수밖에 없다. 카테고리 내에서는 글을 쓴 시간순으로 배열했다.

평소 글을 쓰고 나면, 늘 내 부족함을 드러낸 꼴이라 여겼다. 그런데 그런 글을 모아서 단행본까지 내다니! 부족하고 바뀔 수 있는 생각이지만 쓸 때의 내 생각을 담은 글들이다. 이런 관점도 있다는 것을 더 많은 사람과 공유하고 싶어서 단행본으로 내게 됐다. 시사적인 문제에 관해 불쑥 내게 의견을 물었던 직장 동료에게 일과 무관해 대답하지 않았는데, 이 책으로 답변할 수 있겠다.

애초에 여기 실린 글들을 썼던 것은, 필자의 글을 읽어주고 논평하고 공감하고 격려해준 많은 분들 덕분이었다. 이 자리를 빌려 감사한다. 그리고 부족한 글을 손질하여 책으로 발간해준 빈빈책방의 박유상 대표님과 편집자 강동준 선생님에게 깊이 감사한다.

2021년 7월 한강변에서

김 태 희

| 차례 |

프롤로그 실학의 숲을 걸으며

<1부> 실학의 숲

4부 공동체 풍경

 5부 세계와 우리

⟨6부⟩ 길을 걸으며

1부

실학의 숲

보이는 게 전부가 아니다

"간밤에 잘 있었는가? 나는 요사이 놈들이 한 짓에 화가 나서 밤에 이 편지를 쓰느라 거의 오경(五更: 새벽 3~5시)이 지났다. 나의 성품도 별나다고 하겠으니 껄껄 웃을 일이다. 보고 난 뒤에는 남들 눈에 띄지 않도록 하는 것이 어떠한가? 이만 줄인다."

정조(正祖, 1752~1800)는 정무(政務)와 공부로 밤잠을 못 자기 일쑤인 일중독자였다. 노론 벽파의 지도자인 심환지(沈煥之, 1730~1802)에게 보낸, 이런 비밀편지가 4년간 무려 297통! 지난봄 신문을 통해 이것이 알려지자, 평소 정조를 존경하던 분은 마음이 상해 신문의 선정적 보도를 탓하기도 했다.

정조는 강고한 '노론 벽파' 세력과 싸우다 돌연한 죽음으로 꿈을 완성하지 못한 개혁군주라는 이미지를 갖고 있었는데, 그 벽파의 우두머리와 비밀편지라니? 실록에 기록된 일이 알고 보니 이미 비밀편지로 짜고 한 짓이라니, 은밀한 공작정치? 문체반정을 외쳤던 학자군주가 상스러운 막말을?

우리는 정조에게서 무엇을 보는가? 오로지 올바름만 추구한 호학의 개혁군주 또는 실학군주? 우리가 보고 싶은 것만 보는 것은 아닐까? 아직 정조와 정조 시대의 정치에 대해 충분히 알지 못한 결과가 아닐까?

아무튼 이번 비밀어찰이 세상에 드러남으로써 공식 기록에 보이는 게 전부가 아님이 확인되었다. 그동안 『조선왕조실록』, 『승정원일기』, 그리고 학자군주로서의 면모를 과시한 방대한 정조의 문집, 『홍재전서』를 통해 정조와 그의 정치를 읽었다. 이제 비밀어찰을 더하여 기록의 행간을 읽고 기록을 꿰맞춰야 실상을 더 알게 될 것 같다.

우리는 역사적 인물에 대해 보고 싶은 것만 보는 것은 아닌가. 그럼, 연암 박지원에게서는 무엇을 보는가? 그의 자유분방한 문체와 사상에 대해 당대에도 찬탄과 비판이 엇갈리더니 결국 금서로 취급되었다. 20세기에 들어서야 김택영이 그의 문장을 뛰어난 고문(古文)이라 평가해 처음으로 『연암집』을 엮어 간행했다. 어떤 유림인사는 아직도 이를 불온시하는 반면, 연암을 사상계의 위인으로 본 신채호는 김택영이 편집한 『연암집』이 문자의 교묘한 것만 취한 것이라면서 불만을 표시했다.

'조선학운동'이 전개된 1930년대에, 박지원의 문장에서 어떤 이는 조선의 고전을 보았고, 어떤 이는 계급타파의 진보적 사회사상을 보았다. 시대에 따라 입장에 따라 사람마다 보는 게 다르다. 어떤 이는 문장을 보고, 어떤 이는 사상을 본다. 어떤 이는 근대를 보고, 어떤 이는 탈근대를 본다. 아무래도 저마다 보고 싶은 것만 보는 것은 아닐까? 아직 연암을 충분히 알지 못한 결과가 아닐까?

그럼, 실학에 대해서는 무엇을 보는가? 근대, 민족, 개혁 등이 교과서에 나온 실학의 요지라 기억하는데, 다른 목소리도 들린다. 근대 콤플렉스? 철 지난 민족주의? 우리도 있었다는 식의 자기위안? 이미 권력화한 학문? 실학은 없다?

근대화 기획과 민족주의의 관점에서 실학을 바라보면 그것밖에 보이지 않을 터. 그렇게 박제된 실학을 두고 논란을 벌일 일은 아니다. 공자의 이름을 받들면서 공자의 뜻을 어지럽힌다더니, 실학의 이름으로 허학이 자행된다면 껄껄 웃을 일이다. 그런데 과연 우리가 실학이라고 하는 것을 제대로 또 충분히 읽은 걸까?

실학은 여러 점에서 오늘과 통하는 현재성을 갖는다. 가령 외부에서 권위를 끌어와 권력화하고 교조성과 폐쇄성으로 담을 쌓는 악습이 지금도 끈질기게 이어지는 한 실학은 유효하다. 세계를 보는 관점이 화이론(華夷論)적 구조 내지 택일적 이분법의 틀에 갇혀있는 한 실학은 유효하다. 고정관념과 선입견에 사로잡혀 사물을 제대로 보지 못하는 한 실학은 유효하다.

우리의 풍부한 옛것(reference)에 대해 이해가 깊어지고 안목이 넓어지면, 오늘의 문제에 대해서도 통찰력이 생기고 창의적 상상력이 발동될 것이라 기대한다.

(다산포럼 2009-11-10)

． ． ．

　2009년 9월과 10월 사이에 정조어찰, 정조학, 그리고 동아시아실학에 관한 학술모임이 잇달아 개최되었다. 이 글은 일종의 참석 소회다.

　보이는 게 전부가 아니기도 하지만, 사람들은 보고 싶은 것만 보는 경향이 있다. 풍부한 자료와 다양한 시각이 필요하다. 옛것에 대해 이해가 깊어지고 안목이 넓어짐으로써 오늘의 문제에 대한 통찰력과 창의력도 발동할 것을 기대해본다.

표류선 조사 땐 인도주의와 실학정신을

다산(茶山) 정약용(丁若鏞, 1762~1836)이 강진에 있었을 때의 일이다. 수만 권의 책을 실은 표류선 한 척이 무장(茂長) 앞바다에 닿았다. 이를 조사한 관리들은 많은 책을 보고 고민에 빠졌다. 당시 법에 표류선 안에 있는 문자는 인쇄본이거나 사본이거나를 막론하고 모두 베껴서 보고하도록 규정되어 있었다. 그런데 이 수많은 책을 언제 다 베긴단 말이냐. 몇 가지만 뽑아서 보고했다간 분명 엉뚱한 화를 당하게 될 것이다. 그래서 그 관리들은 모래밭을 파서 모든 책을 묻어버렸다.

이 일을 전해 들은 다산은 한탄하며 말했다. 세상에 불가능한 일을 하지 못했다고 죄가 되지는 않는다. 너무 책이 많아 베낄 수 없을 정도의 상황이라면 책 이름과 권수만이라도 기록하여 보고하면 되지 않겠냐. 극악한 도적처럼 보물을 함부로 버렸으니 그 외국인들이 우리를 뭐라 이르겠느냐.

위 이야기는 『목민심서(牧民心書)』에 나온 이야기다. 다산은 「봉공

『奉公』편 '왕역(往役)'에서 '표류선 조사[漂船問情]'에 관해 다섯 가지 사항을 말하고 있다. 첫째로, 외국인을 큰 손님 대하듯 공손하고 정성을 다하라는 것이다. 외모만 보고 그들을 업신여겨 스스로 체모를 잃지 말라고 당부하고 있다. 둘째는 문자로 된 도서에 대한 보고에 관한 것인데, 서두에 든 사례는 이 대목에서 나온 이야기다.

셋째, 조사관의 접대를 빙자하여 아전들이 물자를 제멋대로 거두어가니 조사관들이 이를 엄하게 금지하라는 것이다. 이것은 다산이 늘 그렇듯 백성들 입장을 고려한 것이기도 하지만 오직 백성만을 고려한 것은 아니다. 표류선이 한번 지나가면 조사관 접대를 빙자한 아전들의 횡포로 섬이 거덜 나니, 표류선은 곧 재앙이었다. 그래서 표류선이 오면 섬사람들이 칼을 빼 들고 죽일 기색을 보여 달아나게 한다. 상황이 급박하여 구원을 애걸해도 나서지 않고 내버려둔다. 배가 침몰하고 선원들이 죽고 나면 몰래 흔적을 없애려 불태워버린다. 다산은 백성들이 눈물을 흘리면서도 이런 짓을 한다며, 그 결과 외국에 우리나라가 야만국으로 알려질 것을 걱정했다.

넷째로는 표류선을 만날 때마다 선박을 상세히 그려두고 재료와 모양, 그리고 수리하는 법과 파도를 잘 헤쳐 나아가게 한 기술 등을 상세히 조사하고 기록할 것을 당부하고 있다. 이 대목에서 다산은 외국의 조선술이 매우 발전한 것에 비해, 우리나라는 삼면이 바다인데도 조선술이 낙후되어 있음을 지적하고 있다.

마지막 다섯째는, 외국인과 말할 때 동정의 빛을 보이고 필요한 음식물은 신선하고 깨끗한 것을 주고 성의를 보여야 한다는 것이다. 저들이 감복하여 기뻐하고 돌아가서 좋은 말을 하게 될 거라 기대했다.

이상 표류선 조사에 관한 다산의 글에서 인도주의와 실학정신, 두 가지를 확인할 수 있다. 다산이 요구한 행동은 모두 자연스러운 인정에서 우러나는 지극히 마땅한 인도적 처사요 문명국인의 보편적 규범에 합당한 훌륭한 외교라 하지 않을 수 없다.

표류선이라는 문제적 상황은 서세동점(西勢東漸)을 상징하고, 위의 네 번째 대응과 같은 외국선박과 선진기술에 대한 관심은 실학을 상징한다. 임형택 교수는 실학을 "서세동점이라는 세계사적 조류에 대한 사상적 각성의 산물"이라고 규정한 바 있다. 제자 이강회(李綱會)가 스승 다산이 선박 기술을 배우고 바다를 방비[海防]하려 했던 노력을 계승했던 사실을 논문으로 밝히기도 했다. 이런 노력들이 진전되어 구체화되었다면 역사는 달라졌을 것이다.

서세동점은 함포로 위협하며 개방을 강요하기 훨씬 이전부터 그 징후가 나타났다. 실학자들은 이미 청나라를 통해 들어온 많은 서적 속에서 서양을 만났다. 또 아주 먼 거리를 항해할 수 있을 정도로 뛰어난 조선술로 제작된 배에서 서양을 만났다. 서양세력을 특정적으로 의식하지 않았더라도 서세가 몰고 온 여러 변화징후에 대해서 민감하게 반응한 사람들이 실학자였다. 그리하여 적극적이고 주체적으로 대응책을 마련하고자 한 일단의 노력을 실학이라 부를 수 있는 것이다.

불행히도 이런 실학적 대응을 19세기에 본격화하지 못했다. 급기야는 나라를 잃고 이루 말할 수 없는 고통의 역사로 접어들었음은 모두 다 아는 사실이다. 다행히 최근 20~30년 동안은 세계사적 흐름에 잘 대응했다. 조선(造船) 강국으로 발돋움했거니와, 동구권 국가들과 통교하고 교전국이었던 중국과 국교를 수립하여 냉전 후 시대의 새로운 세계질서 형성에 적극 대응했다. 남북관계도 변화의 획기적 계기를 마련했다. 다만 최근에 해방(海防)의 무능, 통일에 관한 무대책과 함께, 철 지난 냉전적 진영외교로 후퇴하는 모습을 보이고 있다.

8월 29일은 나라 잃은 치욕을 겪은 지 100주년이 된 날이었다. 남북통일이야말로 이런 치욕을 씻고 동아시아를 정상으로 회복하는 것이다. 통일을 위해서는 북한의 개혁·개방이 꼭 필요하다. 개방은 개혁을 전제로 하는 것이라 북한 위정자는 위험을 느낄 수밖에 없을 것이다. 그럼에도 북한에 개방은 불가피하다. 이런 개방을 우리가 도와주기는커녕 몰아붙여서 중국에 의존하게 하고 있다. 당장 눈앞에 '동북4성'이 가시화되고 있다. 동서(東西) 체제경쟁에 편승하던 시대는 지났다. 중국과 북한을 한편으로 하고, 한·미·일을 한편으로 하는 패거리 싸움에 앞장서는 한 통일의 길은 요원하다. 세계사적 변화에 주체적이고 능동적으로 대응하는 실학정신이 아쉽다.

(실학산책 2010-09-03)

• • •

'표류선 조사'라는 과업을 둘러싸고, 정약용이 『목민심서』에서 제시한 포인트가 많다. 행정, 민생, 외교, 국방, 서적과 기술 정보 등. 관리의 제대로 된 대응을 위한 매뉴얼이 잘 갖춰졌는지 돌아보게 한다.

그리고 그 매뉴얼에는 저버릴 수 없는 기본 가치가 있다. 구체적 상황에선 서로 충돌할 수도 있는데, 어느 것도 쉽게 포기할 것은 아니다.

중화주의에 대한 실학자의 다른 생각

우리나라는 예로부터 보편적 세계문화를 적극적으로 받아들이면서도 고유성과 주체성을 견지해왔다. 그런데 조선중기, 중국이 명(明)에서 청(淸)으로 바뀌는 과정에서 외교적 대응을 제대로 하지 못하고 항복의 치욕을 겪었다. 이때 현실 인식을 어렵게 한 논리가 중화와 오랑캐로 나누는 화이론(華夷論)이었다. 북방 오랑캐가 중원을 차지하는 현실을 인정하기 어려웠다. 존재하지도 않은 명에 대한 의리를 주장하고, 청에 대한 문화우월감과 적개심을 고취하면서, 엄연한 현실을 외면하고 스스로를 가두었다.

화이론의 극복의 논리는 조선후기 실학자들에 의해서 나타났다. 우선 이익(李瀷)은 화이의 문화적 우열을 인정하지 않았다. 안정복에게 답한 글에서, "중화(中華)를 귀하게 여기고 이적(夷狄)을 천하게 여기는 것을 옳지 않다"라면서, 금(金)이나 원(元)의 문화에 대해서도 긍정적으로 평가했다. 이런 이익의 세계관은 국제관계에 대한 그의 현실적 접근태도에서 비롯된 것이지만, 천문지리에 대한 지식에서 기인한 측면도 있었다.

실학자들의 관점의 근저에는 지구가 둥글다는 인식이 뒷받침하고 있었다. 당시 대부분이 생각했던 것과 같이 땅이 네모지고 평평하다면 중심과 주변이 있게 된다. 그러나 땅이 둥글다면 지표면에서 중심-주변 개념은 있을 수 없게 된다. 지구설(地球說)은 화이론의 근간인 중국 중심적 천하관을 무너뜨릴 수 있는 계기를 던져주는 인식이었다.

이익은 '화이지변(華夷之辨)' 등의 글에서 화이의 분별과 배제에만 급급할 것이 아니라 실제적인 계산과 대책을 강조했다. "명(明)이 원(元)을 몰아낸 뒤부터 화이(華夷)의 분별이 더욱 엄중해지면서 강약의 형세 따위는 계산에 넣지 않는다. 조정의 계책은 안으로 내실을 꾀할 생각은 하지 않고 밖으로 외적을 물리치는 데만 급급하며, 무인[武弁]의 대우는 극히 천하게 하면서 장차 변고가 나서야 수용하려고 드니, 그 잘못됨이 이와 같다."

홍대용은 『의산문답(毉山問答)』에서 실옹(實翁)의 입을 빌려 이렇게 말했다. "사람의 입장에서 만물을 보면 사람이 귀하고 만물이 천하지만, 만물의 입장에서 사람을 보면 만물이 귀하고 사람이 천할 것이다. 그러나 하늘에서 보면 사람이나 만물이나 다 균등한 것이다."

홍대용은 세계에 대한 객관적 관점인 이천시물설(以天視物說)에 입각하여 각 개체를 상대화하고 평등한 주체의식이 가능하게 했다. 그리하여 화(華)와 이(夷)를 상대화하여 화(華)와 이(夷)가 같다는 '화이일야론(華夷一也論)'을 주장했다.

"문을 거듭 만들고 해자를 깊이 파서 강토를 조심하여 지키는 것은 다 같은 국가요, 주(周)나라의 습속이건 오랑캐의 습속이건 다 같은 자기네 습속인 것이다. 하늘에서 본다면 어찌 안과 밖의 구별이 있겠는가? 그러므로 각각 자기 나라 사람을 친하게 여기고 자기 임금을 높이며 자기 나라를 지키고 자기 풍속을 편하게 여기는 것은 중화와 오랑캐가 한가지다."

자연과학적 지식을 바탕으로 하여 전통적인 화이론을 부정하는 논리는 정약용에게서도 나타났다. 청에 사신으로 가는 친구 한치응에게 쓴 편지에서 "이른바 '중국'이란 것이 '중앙[中]'이 되는 까닭을 나는 모르겠다"며 문제를 제기한 후, 서 있는 곳에 따라 내가 선 곳이 바로 중앙이라고 말하고 있다. 중(中)의 개념을 서 있는 위치에 따라 상대화시켜버림으로써 지리적 위치에 입각한 화이관을 부정하고 있다. 이어서 중국을 정치와 학문의 문화적 개념으로 정의하면서, 문화적 개념의 중국에 관한 한, 우리나라도 이미 획득했다고 말하고 있다.

'척발위론(拓跋魏論)'에서는, 종족과 지역에 따른 화이의 구분을 부정하고 있다. "성인(聖人)의 법은, 중국(中國)이라도 오랑캐와 같은 행동을 하면 오랑캐로 여기고 오랑캐라도 중국과 같은 행동을 하면 중국으로 여긴다. 중국과 오랑캐의 구분은 도(道)와 정치에 달려 있는 것이지 강역에 달려 있는 것은 아니다."

실학자들이 전통적인 화이구분론을 무너뜨림이 통쾌한데, 여전히 문화적 우열에 따른 구분론을 벗어나지 못한 한계가 있다는 지적이 있다. 그러나 문화적 우월성을 특정 지역이나 특정 주체(국가나 종족)

에 결부시킨 독점적 지위를 인정하지 않는다면, 보편적이고 선진적인 문화를 추구하는 것 자체가 문제 될 것은 아니다. 문제는 문화 또는 문명의 이름으로 안과 밖을 구분할 때, 안에서는 통제억압의 기제로 발현되고, 밖에서는 침략의 논리로 전화될 수 있다는 점이다.

지금도 특정 문화를 우월하게 보는 화이론적 발상을 볼 수 있다. 이를 벗어나 각 주체를 상대화하고 평등하게 바라볼 때, 다양한 문화 주체가 서로 조화를 이루고 평화롭게 공존할 수 있을 것이다.

(실학산책 2013-03-08)

• • •

지금은 서구중심주의가 문제지만, 과거엔 중화주의가 문제였다. 그 극복 논리를 보면, 대개 아류였다. 실학자들은 중화주의를 극복하는 모습을 보였는데, 그 결정판이 홍대용의 화이일야론이었다. 문명과 야만을 구분하는 것 프레임 자체를 부정한 것이다. 오늘날 세계속에 다양한 인종·민족·국민이 평화롭게 공존하는 데, 홍대용의 화이일 사상이 적절한 관점을 제시하고 있다.

언론기관을 없애야 한다?

　다산의 글을 읽어보면 언론기관을 없애 언로(言路)를 넓혀야 한다는 말이 나온다. 대관절 무슨 말인가? 조선시대의 대표적 언론기관이 사간원(司諫院)이었다. 『경세유표』의 '사간원' 항목에 나온 내용은 이렇다.

　"이제 사간원을 혁파하고 그 직무를 공경대부(公卿大夫)로서 존귀하고 가까운 자에게 퍼뜨려 언로를 넓힐 것을 생각한다. 그러나 시속 사람들이 식견이 얕고 짧아서 선왕(先王)의 법을 모르고 사간원을 없애 남의 말을 거부하려 한다고 말할 것이니, 그 말이 두려워 일단 이를 존치하는 것으로 한다."

　유교정치는 군주의 전제적 권력행사를 제어하는 언론을 중요시했다. 통치기관 내에 간쟁과 언론을 담당하는 간관(諫官)을 두었다. 그런데 다산의 말인즉 옛날에는 간관이 따로 없었다고 한다. 좀 더 정확히 말하면, 간관이 없었던 것이 아니라 간관 아닌 사람이 없었다는 것이다. "별도로 한 관청을 설치하여 전적으로 간쟁과 의론을 담당하도록 한 것은 한나라 때부터 시작되었다. 이것은 언로를 활짝 여는 것이 아니고, 언로를 막아서 좁게 한 것이었다." 언론을 전담하는 언론기관의 존재가 역설적으로 언로를 제약한다는 것이다. 언론 독점의 폐해를 의미한다.

언론기관에 대한 다산의 비판적 태도는 당시 언관의 행태에서도 기인했다. "무릇 간관이 된 자는 앞뒤를 둘러보고 감히 입을 열지 못한다. 논박하는 것도 어려운데 하물며 간쟁하는 것이겠는가. 오직 낭패한 사람을 물에 밀어 빠뜨리고 돌로 내리치는 것을 직분으로 할 따름이다." 상대에 따른 이중 잣대와 하이에나 행태, 결코 낯설지 않은 모습이다.

다산은 언로를 확대하려는 자신의 취지가 잘못 받아들여져 언론을 탄압한다고 오해받을 사태를 염려하여 일단 한발 물러선 개혁안을 제시했다. 사간원을 존치하되, 간관의 겸직 등을 통해 다양한 경험과 입장을 지닌 인사가 언론을 담당하도록 하자는 것이었다.

이러한 다산의 언론관은 그가 사숙했던 성호(星湖) 이익(李瀷, 1681~1763)과 동일한 입장이었다. 성호는 '간직(諫職)'이란 글에서 이렇게 말했다. "'사방에 눈을 밝히고 사방에 귀를 잘 기울이라(明四目 達四聰)'고 했으니, 이는 세상 사람의 눈과 귀로 자신의 총명을 삼으려 했다는 것이다. 이를 본다면 간관 제도를 따로 세운 것은 후세의 잘못이다." 언관의 직임이 따로 있으면 그 직위에 있지 않은 사람은 언관의 권한을 침해할 것을 꺼려 간하지 않을 것이므로, 언관 제도를 없애는 것만 못하다고 했다.

성호는 또한 패거리싸움을 일삼는 언관의 행태를 지적하기도 했다. "당론(黨論)이 습관이 되어, 의견이 같은 자는 좋아하고 다른 자는 공격하여, 동류끼리 휩쓸리듯 부화뇌동(附和雷同)한다."

이 밖에도 성호는 『성호사설』에서 언론에 대해 여러 이야기를 했다. 간관이 나라의 병을 말하고 증세를 논하여 치료하게 돕는다며 의원(醫員)에 비유하기도 했다. 또 의론(議論)은 아래에서 일어야 한다고 하면서, 언론의 축소가 초래할 결과를 다음과 같이 말했다.

"성왕(聖王)은 사방에 눈을 밝히고 사방에 귀를 잘 기울여 온 세상을 살피고 들었다. 이렇게 해야 도량이 넓고 깊은 대인이 된다. 만약 여러 사람의 지혜를 물리치고 오로지 자기 마음 내킨 대로 한다면, 크고 좋은 옷과 띠를 두르고 거만하게 활보하다가 기혈이 막혀 끝내는 난쟁이로 쪼그라드는 것을 면치 못할 것이요, 그의 사망도 기약할 수 있을 것이다."

성호와 다산이 다시 온다면, 작금의 언론 상황을 어떻게 평했을까? 민주시민은 누구나 언론의 책무를 맡아야 한다고 했겠다. 지난 정권에서 언론기관의 공공성을 해친 사례들에 대해서는 멀쩡한 의사를 몰아내고 입맛에 맞는 진단서를 요구한 것이라며 개탄도 했겠다. 그렇다면 국정원이 지역감정과 편싸움을 조장하고 인격을 모독하는 욕설로 저질 댓글을 달게 한 사건에 대해서는 무엇이라 말했을까? 이 신종의 언론왜곡에 대해서는 할 말을 잃지 않았을까.

(실학산책 2013-10-04)

• • •

언론의 중요성은 예나 이제나 마찬가지다. 언관이 언로를 막고, 낭패한 사람만 공격하는 행태를 보면, 제4부라고 불리는 언론의 횡포를 생각하게 한다. 그런데 요즘 언론 환경이 너무 바뀌어서 오히려 공신력 있는 언론기관의 활약이 더 간절해질 정도다. 클릭수 높이려는 유튜버들의 무책임한 행태가 사회적 문제가 된 오늘날이다.

정약용과 셜록 홈스

도대체 어떻게 알았을까? 누구도 그냥 지나치는 사소한 것들을 놓치지 않았다. 그 조각들을 모아 상식적 논리들로 연결했다. 마침내 진상은 선명하게 드러났다. 형조참의 다산 정약용과 사립탐정 셜록 홈스의 이야기다. 두 사람 사이에 다른 게 있다면 셜록은 현장에서 탁월한 관찰력을 보여주는데, 현장을 접하지 못한 다산은 공안과 검안 등 사건기록에 대한 면밀한 검토가 주특기였다.

다산의 형사사건 해결능력을 알게 된 정조가 그를 형조참의로 임명했다. 정조는 '함봉련 사건'을 의안(疑案, 의심이 나는 사건)으로 간주하고, 다산에게 자세히 조사할 것을 명했다. 함봉련 사건 개요는 이렇다. (『심리록』,『시문집』,『흠흠신서』가 약간씩 내용이 다른데, 다산의『흠흠신서』를 중심으로 정리하면 대략 다음과 같다.)

평창 나졸이 환곡을 독촉하여 김태명의 집에서 송아지를 끌고 나왔다가 김태명의 집안사람들과 몸싸움이 벌어졌다. 김태명이 나졸의 가슴을 무릎[膝骨]으로 짓이겨 송아지를 탈환했다. 김태명 일가의 머습이었던 함봉련은 땔감을 지고 돌아오는 길에 나졸을 혼내주라는 김태명의 말을 듣고 땔감을 진 채 서서 그 등을 밀어뜨렸다. 넘어졌던 나졸은 일어나 집으로 돌아갔다. 집에서 그의 아내에게 말하기를 "나를 죽인 사람이 김태명이다. 원수를 갚아다오!" 하소연하고 며칠 후 숨이 끊어졌다. 아내는 서울의 북부에 달려가 고발했다.

다산은 1차·2차 검시(檢屍)를 기록한 검안(檢案)부터 검토했다. 가슴에 검붉고 단단한 둘레 3촌 7푼의 상흔이 있고, 코와 입은 피로 막혀 있고, 다른 다친 흔적은 없었다. 사망 원인은 타격에 의한 치사. 정범은 함봉련, 목격자는 김태명이었다. 이임(里任)과 세 이웃 사람은 모두 봉련이 밀어서 죽인 것이라 진술했다.

다산은 정범이 바뀌었다고 결론지었다. 그 논거는 이렇다. "형사사건을 판결하려면 세 가지 근거, 즉 유족 고소인의 진술[告招], 검시 결과[帳驗], 공적인 증거[公證]가 합치되어야 한다. 유족의 진술과 검시 결과가 합치함에도 이는 무시되었다. 아내에게 원망한 것도 김태명, 원수를 갚으라고 한 사람도 김태명, 당초 독촉한 것도 김태명의 환곡때문이었고, 빼앗은 것도 김태명의 송아지였다. 다만 김태명은 마을에 굳게 뿌리를 내리고 이웃을 호령할 수 있는 사람이다. 짓찧은 것은 김태명의 무릎이요, 떠민 것은 함봉련의 손이었다. 무릎이 닿은 곳은 가슴이요, 손바닥이 닿은 곳은 등이었다. 등에는 흔적이 없고, 가슴은 3촌이나 검붉으니, 이 흔적을 근거로 판단하면 누구의 범행이겠는가?"

또한 다산은 증인이란 공적인 증거(公證)라면서 대략 다음과 같이 말했다. 유족은 복수심이 앞서서 증인이 될 수 없고, 범인은 자신이 살려고 하므로 증인이 될 수 없다. 김태명을 목격한 증인으로 삼았으나 범인으로 고발당한 자이므로 공증이 될 수 없다. 이웃 사람이 증인이 되는 것은 그 마음이 양쪽에 고르고, 옆에서 본 사람이 증인이 되는 것은 자신의 죽고 사는 것과 벗어나 있기 때문이다. 이 사건에서 이웃 사람은 김태명의 친인척이 아닌 사람이 없어 여러 사람이 부화뇌동하여 이 사건을 성립시킨 것이다.

정약용의 주장에 의해 함봉련의 억울함이 인정되고 석방되었다. 대신 김태명을 조사 처리하도록 했다. 다산이 형조참의로 임명받고 어전에 올랐을 때, 임금이 형조판서에게 이렇게 말했다. "경은 이제 늙었소. 참의는 나이도 젊고 총명하니, 경은 모두 참의에게 맡기고 편히 지내시오." 이리하여 함봉련 사건을 비롯해 여러 형사사건을 도맡아 해결했다. 정약용이 쓴 '자찬묘지명'에 나온 글이다. 자랑하는 듯한 정약용의 글에서 문득 BBC 드라마《셜록》에서 셜록 홈스로 분한 베네딕트 컴버배치의 잘난 체하는 얼굴이 오버랩된다. 복잡해 보이는 사건을 정교한 논리로 파헤쳐 진상을 밝히는 명쾌함에 그 잘난 체도 매력이다.

얼마 전 마이클 샌델의 『정의란 무엇인가』라는 책이 베스트셀러가 되었다. 우리 사회가 느끼는 정의에 대한 갈증을 보여준 현상이기도 했는데, 이 책에서는 결코 쉽지 않은 정의의 문제를 다루고 있었다. 세상사 쉽지 않지만 당연한 정의 문제조차 어려운 일처럼 되어선 곤란하다. 마찬가지로 세상사 복잡한 것이기도 하지만 관심과 상식을 갖고 조금만 합리적 추론을 해보면 명백한 정의와 진실이 많다. 초등학교 때 셜록 홈스 시리즈를 서점에서 빌려보면서 명탐정을 꿈꾸었던 기억이 떠오른다. 어디 나쁘이랴.

(실학산책 2014-03-07)

• • •

다산 정약용은 다방면에서 재능을 보였다. 명탐정 같은 모습이 이채롭다. 다만 그는 기록에 대한 면밀한 검토로 사건을 해결했다. 이런 이야기는 늘 매력적이다.

높은 산은 홀로 높지 않다

과연 그것이 혼자만의 힘으로 가능한 것인가. 다산 정약용은 어떻게 그토록 방대한 연구업적과 저작을 이루고 남길 수 있었을까. 그것도 정치·경제·철학·역사·지리·언어·문학·의술·기술 등 다양한 분야에 걸쳐서 말이다. 지난 17일 열린 학술모임은 그에 대한 해답을 생각해볼 수 있게 했다.

모임의 제목은 '다산학단과 방산 윤정기'였다. '다산학단'이란 다산을 비롯하여 그가 강진 유배 시절 가르쳤던 제자들을 합하여 지칭한 것이다. 방산(舫山) 윤정기(尹廷琦, 1814~1879)는 다산의 외손자이며, 다산학단의 계승자로 간주된다. 방산이 태어난 지 200년이 된 것을 기념하여 실학박물관, 방산선양회 그리고 다산연구소가 공동으로 개최한 것이다. 실학박물관은 지금 방산의 유품에 대해 특별전시를 하는 중이다. 다산연구소로서는 연구소 창립 10주년 기념행사의 하나이기도 했다.

학회치고는 대단히 많은 사람이 참석한 가운데, 실학의 지역적 양상과 교류, 다산학단의 면모, 방산 윤정기의 시와 서예 등을 개별 주제로 한 발표가 있었다. 그 가운데 정민 교수는 다산의 문답형 강학에 대해 발표했다. 문답형 강학은 제자의 수준에 따라 쌍방향으로 이뤄졌고, 일종의 공동연구였다고 평가했다. 스승인 다산의 기획과 제자들의 주체적 참여 속에 토론이 이뤄지고, 그 결과물이 책자의 형태로 엮였는데,『승암예문』,『다산문답』,『소학주관문답』 등이 그 예였다.

"이러한 다산의 문답형 강학의 학문적 연원은 어디에 있을까요?" 이날 발표 현장에 참석하지 못한 정민 교수를 대신하여 발표문을 읽은 박수밀 선생의 질문이었다. 이에 대해 정민 교수는 성호 이익에게서 찾는다고 전했다. 그렇다. 성호 이익은 제자들에게 '불치하문(不恥下問)'을 강조했다. 불치하문이란 아랫사람에게 묻는 것을 부끄러워하지 않는다는 말이다. 종래의 주장을 묵수하지 말고 의문을 품고 질문하는 것을 공부의 요령으로 삼았다.

그런데 학문적 주제에 관해 묻고 답하면서 학문적 이해를 심화시키고 그 내용을 책으로 엮어낸 모습은 가까운 어디선가 본 듯하다. 바로 다산이 임금으로 모셨던 정조의『경사강의(經史講義)』가 그것 아닌가. 이 책은 정조가 젊은 신료들과 사서육경에 관해 질문하고 답하는 방식으로 구성되어 있다. 정조는 학자군주답게 184권 100책으로 구성된 방대한 문집『홍재전서(弘齋全書)』를 남겼는데, 그 가운데『경사강의』가 56권에 이른다.

학문의 방식만이 아니라 주제의 면에서도, 성호와 정조가 다산에게 끼친 영향은 확연하다. 가령 기술은 후대로 내려올수록 세상이 넓을수록 더 낫다는 다산의 유명한 기예론, 언론기능을 언론기관에 국한해서는 안 된다는 주장 등 이미 성호의 글에서 등장한 아이디어가 한둘이 아니다. 정조의 영향도 심대하다. 정조가 정치의 과제를 지인(知人)과 안민(安民)으로 제기한 사실을 다산은 감동 어린 어조로 상기하며 그에 대한 응답을 제시하는 차원에서 정치론을 전개했다. 다산의 학문에 영향을 미친 사람이 어디 성호와 정조뿐이겠는가.

그렇다면 이제 그가 끼친 영향으로 눈을 돌려보자. 다산의 제자 가운데 주목받는 사람으로 이강회가 있다. 이강회의 저작으로 『유암총서』가 남아 있는데, 외국 선박에 관한 관심, 수레 사용에 관한 주장 등 이른바 북학파(또는 이용후생학파)와 방불한 주장을 전개하고 있다. 그런 주장이 하늘에서 떨어졌겠는가 땅에서 솟았겠는가. 다산은 『경세유표』에서 '이용감' 설치를 주장하면서 연암 박지원과 초정 박제가의 주장에 근거했음을 밝히고 있다. 이것이 제자 이강회에게 이어진 것이다. 변방의 한 젊은이가 서세동점의 세계사적 변화를 감지하고 이에 대해 적극적인 대응책을 논설했던 데는 그 연유가 있었던 것이다.

필자는 다산에 관한 연구 방향으로 두 가지를 생각해본다. 종래 근대화론에 입각해 오로지 이에 부합한 주장과 해석만을 취하던 협애한 관점에서 벗어나 그의 학문이 지닌 풍부한 내용을 다시 살펴보는 것이다. 다른 한편, 그동안 다산 일개인에 집중되었던 관심을 종으로 횡으로 확대해 학문적 영향 관계를 좀 더 구체적으로 규명하는 것이다. 이번 학술모임도 그런 맥락에서 의의가 있다고 본다.

어떤 사상이든 어떤 인물이든 평지돌출이란 있기 어렵다. 학문적 위업이나 위인의 출현은 혼자 힘으로 불가능하다. 두루 자락을 드리우고 많은 산물을 제공하는 큰 산을 보라. 여러 높은 봉우리가 경쟁하듯 비호하듯 둘러서 있다. 높은 산은 홀로 높지 않다.

(실학산책 2014-07-25)

• • •

다산 정약용은 앞선 선배들의 성취를 디딤돌로 삼았고, 동시대 인물들의 성취도 적극 수용했다. 또한 그가 방대한 저서를 남긴 것은 혼자 힘이 아니었다. 제자들의 노력이 함께했다.

높은 산은 홀로 높지 않다는 비유적 표현이 너무 우회적 표현이 아닌가 하는 생각이 든다. 대부분의 탁월함은 이미 준거하는 그룹의 수준에서 결정된다. 혼자 열심히 노력하는 것보다 자신의 그룹의 수준을 올리는 데 열심히 기여하는 것이 차라리 자신의 수준을 올리는 첩경이 될 수 있다.

공부법 단상(斷想)

별스러운 공부법이란 게 따로 있을까. 조선중기의 인물 백곡(柏谷) 김득신(金得臣, 1604~1684)의 공부가 종종 이야기된다. 그는 그다지 총명하지 않았으나 부지런히 공부하는 것을 포기하지 않았다. 아버지의 격려도 큰 힘이 되었다. 그는 오로지 책을 여러 번 읽고 외우는 것을 방책으로 삼았다. 결국 그의 시는 당대 문사들의 인정을 받았고, 59세 늦은 나이지만 문과에 합격했다.

백곡이 만 번 이상 읽은 책들을 『독수기(讀數記)』에 기록해놓았다. 후손들을 격려하기 위한 것이다. 『사기』의 '백이전(伯夷傳)'은 특히 좋아하여 11만 3천 번을 읽었다. 그의 거처 이름은 억만재(億萬齋)였는데, 억만 번 읽겠다는 뜻이다. 그가 어찌나 열심히 반복해 읽었던지 옆에서 시중들던 하인도 암송하게 될 정도였다고 한다. 길을 가던 김득신이 글을 외다 머뭇거리는 대목에서 하인이 되레 말해주기도 했다.

다산 정약용은 김득신을 근면하고 뛰어난 독서의 일인자라고 평가했다. 그러면서도 다산답게 『독수기』 내용이 가능한 것인지 따져보았다['김백곡독서변(金柏谷讀書辨)']. 다산은 『독수기』가 백곡이 직접 쓴 것이 아니라, 그가 작고한 뒤에 누군가가 들은 말을 기록한 것이 아닌가 추측했다. 그리고 어떤 책은 전부가 아니라 선본(選本)이었으리라고 추측했다. 그래도 결론은 대단하다고 평가했다.

성호 이익은 입으로 외고 귀로 듣기만 하는 공부를 경계했다. "경서를 공부하는 것이 장차 세상에 쓸모가 있기 위함이다. 경서를 말하면서도 천하만사에 아무런 조처가 없다면 이것은 헛되이 읽기에만 능한 것이다."[『성호사설』, '송시(誦詩)']

공부, 하면 우선 시험공부를 떠올리지만, 공부는 여러 가지다. 시험공부는 그야말로 시험만을 위한 한때의 공부로 그칠 공산이 크다. 공부란 평생 하는 것이다. 오늘날 많은 지식은 매우 세분화되어 있고 그 수명이 매우 짧다. 이런 지식은 필요한 그때그때 챙기면 된다. 이와 달리 인문학적 주제나 고전에서 다루는 주제는 인간의 문제로서 항상적이다.

요즘 인문학 열기가 학교 안이 아니라 학교 밖에서 뜨겁다. 대학 밖 인문학 공동체를 추구하는 단체로는 '수유너머' 계열의 여러 모임과 대안연구공동체(대표 김종락), 길담서원(대표 박성준)이 있다. 또 신문사와 출판사에서 운영하는 여러 인문학 프로그램이 있다. 예컨대 경향신문의 후마니타스연구소(소장 조운찬)와 푸른역사아카데미(대표 박혜숙) 등에서 운영하는 공부 프로그램이 활발하다.

그뿐인가. 지역 주민을 위해 공공기관에서 마련한 인문학 프로그램도 볼만하다. 지역 공공도서관에 가면 여러 인문학 프로그램이 주민을 기다리고 있다. 지방자치단체에서는 인근 대학과 연합하여 주민을 위한 시민강좌를 운영하기도 한다. 예컨대 강북구청, 성신여대 평생교육원, 다산연구소가 협력하여 추진하는 다산아카데미는 매기(12주)마다 정원이 꽉 차, 어느덧 4년 동안 8기를 시행했다.

이런 프로그램들은 서로 비슷한 듯 다른 듯한데, 각자 사정에 따라 선택하여 적극적으로 활용할 만하다. 깨우치고 체득하는 것은 결국 자신의 몫이라 해도, 공부 과정은 함께하는 것이 매우 유용하다. 확실한 스승이 있어 일대일로 배운다면 더 말할 나위 없겠지만, 엇비슷한 사람끼리 모여서 공부한다 해도 반드시 그 안에는 내 스승이 있기 마련이다. 배우는 사람답게 겸허하고 개방된 자세로 임한다면.

우리 사회는 어떤 무엇(What)을 남들이 하니까 그냥 따라 하는 경우가 많다. 공부하는 사람은 '왜(Why)'냐고 묻는 자세가 필요하다. 그래야 그 무엇을 하는 의지도 분명해지고 '어떻게(How)' 할지 방법도 달라진다. 성호 이익은 '호문(好問, 묻기 좋아함)'을 강조했다. "나날이 새롭게 되는 공부는, 오늘 묻기 좋아하고 내일도 묻기 좋아하여, 평생 부지런하며 자만하지 않는 데 있다." 좋은 질문은 공부의 질을 높인다.

(실학산책 2015-02-06)

• • •

인문학 강좌를 앞두고 홍보 겸 변명으로 쓴 글이었다. 무슨 특별한 공부 비법이 있을 것 같은 헛된 기대를 미리 진정시키려고. 묻기 좋아하는 것이 좋은 공부법이라는 성호의 가르침은 필자가 항상 새기려고 하는 말이다.

다산이 아들에게 글쓰기를 가르치다

어느 분이 묻는다. "다산 선생이 『성호사설』에 대해 안 좋게 말씀하신 게 있다던데 그런 게 있었습니까?" 묻는 분이 마침 성호 이익 선생 집안 분이라 여간 서운하지 않아 사실관계를 확인하고 싶었던 모양이다. 다산이 성호를 학문적으로 존경하고 사숙했지만, 그런 게 있었다. 두 아들에게 쓴 편지에 나온 내용이다. 고염무의 『일지록(日知錄)』의 문제점을 지적하면서, 『성호사설』도 마찬가지라고 했다.

"내 일찍이 말했듯, 『성호사설』이 후세에 전할 정본(正本)이 되기에 부족한 것은, 옛사람의 성문(成文)과 스스로의 의론(議論)이 서로 뒤섞여 책을 이루어 바른 본보기가 되지 못했기 때문이다(吾嘗謂星湖僿說 未足爲傳後之正本者 以其古人成文 與自家議論 相雜成書 不成義例也)."

어떤 주장에 대해, 예전에 다른 누가 말한 것인지 성호 선생이 말한 것인지를 명확히 구분해주어야 하는데, 그렇지 못했다는 것이다. 학문적 글쓰기를 할 때, 늘 염두에 두게 되었는데, 요즘 표절이 문제가 되니 다시 생각났다.

필자가 만학도로 학위과정을 밟던 때였다. 한창 논문표절이 사회적 문제가 되면서 연구윤리가 강조되고, 교육도 행해졌다. 인용과 출처 표기를 명확히 해야 한다는 요청과 각주 다는 법 등의 내용이었다. 누군가가 질문했다. "술자리에서 술 마시면서 대화를 하다 얻게 된 아이디어는 어떻게 합니까?" 출처를 밝히기엔 어색하면서도 재미있는 상황이다. 답변은 기억나지 않지만, 술자리 대화가 논문의 결정적 모티브를 제공하는 경우는 충분히 있을 수 있었다.

사실 내 생각이란 것도 어디서 그냥 솟아나는 것이 아니다. 알고 보면 멀지 않은 어디선가에서 얻은 것일 수 있다. 전에 교양으로 읽었던 책을, 논문을 쓰기 위해 참고문헌으로 다시 꼼꼼히 읽다가 깜짝 놀란 경우가 있다. 내 고유의 아이디어라고 생각했던 것이 사실은 어느 논자의 아이디어를 그대로 답습하거나 수용하고 있었다는 것이다.

자료 수집과정에 비슷한 위험이 또 있다. 남의 글을 읽고서 요약해 놓은 경우다. 자칫 내 글 속에 섞이면 읽은 것의 요약인지 읽고서 촉발된 내 의견인지 알 길이 없게 된다. 당초 기록할 때 구분해서 부기해 놓을 일이다. 어설픈 요약으로 소개하느니 차라리 직접 인용을 하는 것이 분명하고 마음이 편했다. 그렇다 보니 직접 인용이 많은 경향이 있다. 먼저 연구한 사람의 성과에 많이 의존하다 보면 부득이하다. 선행 연구를 최대한 밝히고 누구의 주장인가 분명히 해두는 것은, 저작권 문제를 떠나서 공부하는 사람의 책무다. 또한 같은 공부를 하는 사람에 대한 예의일 것이다.

오래전에 어느 독서 모임에 초청받아 간 적이 있다. 참석자 가운데 다산이 편집의 달인이어서 온통 남의 글을 짜깁기해서 책을 만든 것처럼 말해서 뭐라 말할지 당황스러웠던 기억이 있다. 그건 오해다.

추사(秋史) 김정희(金正喜, 1786~1856)는 정약용에게 "자기 견해를 세우고 자기 설을 만들어내는 것은 설경(說經)에 있어 감히 해서는 안 된다"라고 말한 경우가 있다. 추사는 '실사구시설(實事求是說)'을 쓴 바 있는데, 실증주의적 학문론이 그 요지다. 다산의 방식은 『상례사전(喪禮四箋)』 서문에서 말했듯이, "공정한 마음으로 듣고 보아서, 오직 옳은 것을 구하도록(公聽竝觀 而唯是是求)" 모두 드러낸다는 입장이었다. 그렇지만 추사가 보기에 다산의 글은 너무 자기주장을 내세운 느낌이 든 것이다. (임형택, 『실사구시의 한국학』, 창작과비평사, 2000, 126쪽 참조)

다산의 편집력은 『목민심서』가 여실히 보여준다. 당시 나와 있던 여러 저서에서 자료를 뽑아내 분류하고 차례로 편집했다. 현장에서 들은 바도 분류하여 기록하고 의견을 붙였다. 이들을 다산의 목민정신이 구현된 12편으로 엮었다. 1은 부임(赴任), 12는 해관(解官)으로 하여 목민관으로 임명되어 갔다가 마치고 돌아올 때까지의 매뉴얼의 틀을 부여했다. 그리고 총론 격으로 목민관이 갖춰야 할 세 덕목인 율기(律己)·봉공(奉公)·애민(愛民)으로 배치했다(2~4). 그다음에 국가행정처럼 육전(六典)이 있고(5~10), 특별행정으로 진황(賑荒)을 더했다(11). 본문에서는 명료한 주장과 풍부한 예화가 등장하는데, 예화들은 출처가 잘 밝혀져 있다.

이쯤 얘기하고 나니, 필자의 공부가 짧음을 고백한 느낌이다. 어쨌거나 대학자 다산이 아들에게 편지로 가르친 글쓰기는 내게 실질적인 도움을 준다.

(실학산책 2015-06-26)

• • •

연구는 대부분 앞사람의 연구를 디딤돌로 삼는다. 그래서 그런 도움을 받은 것이라든가, 인용한 부분이 누구의 말이라든가 하는 것을 잘 밝히는 것이 연구자의 책무요, 예의다. 그리고 "공정한 마음으로 듣고 보아, 옳은 것을 구한다"라는 다산 선생의 말을 새겨본다.

실학담론의 역사성과 짧은 생각

실학은 없다, 있다 의견이 분분하다. 조선후기에 성리학에서 탈피하여 근대지향적이고 민족지향적인 새로운 학풍이 일어났는데, 이것이 '실학'이라는 게 일반의 인식이다. 그런데 다른 목소리가 쏟아졌다. 실학과 성리학이 다른 것이 아니다, 사족체제의 자기조정 프로그램일 뿐이어서 굳이 실학이라고 호명할 것은 아니다, 과학사 학계에서는 실학을 그다지 높이 평가하지 않는다 등등.

지난 9월 실학학회 등이 "'실학'을 다시 생각한다"라는 제목으로 한국학중앙연구원에서 이틀간에 걸쳐 학술회의를 개최했다. 10년 전에도 '실학 개념의 재정립'을 주제로 학술회의가 열린 바 있다. 실학이란 개념에 무슨 문제가 있길래 이처럼 재검토를 거듭하는 걸까?

본디 실학 개념은 보통명사로 사용되었다. 문리적으로 실학은 '허학(虛學)'의 상대개념이라 할 수 있다. 좀 더 풀어보면 공리공담이 아닌 실제적 문제해결을 위한 학문을 뜻한다. 조선초기에는 불교에 대해 현실문제를 해결하는 학문인 유학 내지 성리학이 실학이라 했다.

다음 시기에 가면 화려한 문장을 구사하는 사장학(詞章學)보다 유학 경전의 뜻을 제대로 아는 경학(經學)이 실학이라는 주장이 나왔다. 문물제도 정비와 외교관계에 중요했던 사장학이 뒤로 밀린 것이다. 이처럼 실학의 개념은 시기에 따라 담고 있는 의미가 달라졌다.

지금 통용하는 실학은 조선후기 일군의 학문적 경향을 범주화하여 호칭한 역사적 개념이다. 가령 유형원, 이익, 박지원, 정약용 등의 학문이다. 실심(實心), 실사(實事), 실공(實功) 등을 강조했지만, 당대의 학자들이 스스로 실학이란 개념으로 범주화하지는 않았다. 고유명사로 쓰이는 '조선후기 실학' 개념은 후대에 일정한 역사적 과정을 거쳐 성립되었다.

대한제국기(1897~1910)에 박은식, 장지연 등이 유형원-이익-정약용을 계보화하는 한편, 김육, 박지원 등을 추가하여 주목했다. 박은식은 조선시대에 주로 추구했던 도학(道學)이 숭허유실(崇虛遺實)의 폐단이 있었다고 보고, 이와 대립시켜 이들의 학문을 경제정치학·경제학·정치학 등으로 불렀다. 그러나 조선후기 실학이라고 개념화하지는 않았다. 그들의 주된 의도는 근대계몽의 일환으로 대한제국기의 실학을 모색하고 진흥하려는 것이었다.

이러한 인식은 1920년대 학자에도 이어졌는데, 조선시대 전 시기에 걸친 경세론자들을 실학파로 호칭한 일인학자도 있었다. 1930년대 '조선학 운동'이 본격화되면서 유형원을 선구자로 하여, 이익·홍대용·박지원·정약용 등을 실용과 실증을 갖춘 실학파로 파악하게 되었다. 1960~1970년대에 와서는 내재적 발전론에 입각하여 실학을 인식하고 근대지향, 민족지향을 그 핵심어로 삼았다.

근대화와 민족주의를 지고의 가치로 삼은 실학담론이 위기에 처하게 된 것은 자연스러운 시대적 결과다. 서구화와 동일시된 근대화가 이미 어느 정도 이루어진 데다, 서구중심주의에 바탕한 근대 개념 자체에 비판적 견해가 대두되었고, 민족주의의 폐해도 우려되었기 때문이다.

실학담론이 복잡해지는 것은 논자에 따라 실학을 보통명사로 또는 고유명사로 달리 쓰는 데서도 기인한다. 또한 조선후기 실학을 고유명사로 쓰는 경우에도, 관심의 초점과 범주에 관해 의견이 다기할 수 있다. 조선후기 실학 연구의 성과를 확인하는 한편, 그동안 소홀했던 분야로 연구의 지평을 확대할 필요가 있다. 구성된 실학개념에 맞추어 설명하느라 오히려 조선후기 실학의 온전한 실체를 놓친 것은 아닌지도 돌아볼 필요가 있다. 조선후기 실학의 범주를 확대하기보다 오히려 성호학, 북학, 다산학 등으로 분화시키는 것은 어떨까 싶다.

향후 실학담론은 어떠해야 할까? 기존 담론의 연장선에서, 시대의 문제를 재음미하는 데서 출발할 필요가 있다. 어느 시대고 낡은 제도와 이념이 사람을 억압하는 것은 큰 문제였다. 작은 우리나라는 늘 세계 속에서 어떻게 세계문화를 수용하고 주체성을 확보하느냐가 문제였다. 조선시대, 특히 후기에는 의리명분과 도덕을 강조하면서 민생과 실용은 소홀했다. 이념으로 사람을 죽이거나 무능을 가려서도, 실용을 빙자해 무도한 사회를 만들어서도 안 된다.

이러한 문제의식 속에서 근대지향을 개혁과 변화의 문제로, 민족지향을 세계와의 관계 설정 문제로, 실용지향을 가치와 실용의 조화 문제로 치환하여 우리 시대의 실학담론을 전개할 것을 제안해본다. 조선후기의 실학이든, 조선시대의 경세론이든 이러한 관점에서 읽어 낸다면, 오늘 여기 우리에게 요구되는 개방적이고 실제적인 작풍을 조성하는 데도 큰 도움이 될 것이다.

(다산포럼 2016-11-08)

• • •

실학담론은 시대적 과제를 반영한 역사적 소산이다. 박제된 실학 담론이 아니라 업그레이드된 실학담론이 필요하지 않겠는가. 이 글 은 그런 문제의식의 발로다.

『반계수록』이 세상에 드러나다

올해는 다산 정약용이 『경세유표』(1817)를 저술한 지 200주년 되는 해다. 다산은 이 책의 서문에서 재야의 선비가 이런 국가제도 개혁론을 써도 되느냐는 질문을 하면서, 그 선례로 반계(磻溪) 유형원(柳馨遠, 1622~1673)을 들고 있다. 말을 돌렸지만, 기실 다산은 자신의 저작을 『반계수록』을 잇는 경세서(經世書)로서 자부하고 싶었던 것이리라.

유형원을 실학의 비조(鼻祖)라 일컫는 것은 바로 『반계수록(磻溪隨錄)』 때문이었다. 『반계수록』은 유형원이 전북 부안으로 이사한 31세에 착수하여 49세에 완성했다. 병자호란의 치욕을 어떻게 씻을 것인가? 산업의 근간이 되는 토지제도를 비롯하여, 인재의 양성, 관인(官人)의 선발과 운영, 군사제도 등 국가제도 전반에 걸쳐 개혁론을 개진했던 것이다.

그런데 『반계수록』(1670)은 완성된 후 세상의 주목을 받지 못했다. 반계의 친구 배상유가 추천했지만, 당시 조정의 위정자들은 오활하다며 저평가하여 방치해버렸다. 저술을 완성한 지 100년 후에야 영조의 명으로 간행되었다(1770).『반계수록』에 관심을 불러일으킨 결정적 계기는 양득중의 추천이었다(1741).

덕촌(德村) 양득중(梁得中, 1665~1742)은 누구인가? 그는 1665년에 영암 영계리에서 태어났다. 어려서부터 총명하여 주목을 받았다. 영광에 귀양살이 와 있던 이세필이 찾아오기도 했다. 17세에 박태초에게 가르침을 받았다. 30세에 박세채와 남구만의 추천을 받았다. 이후 소론의 영수인 명재 윤증을 찾아가 사제의 인연을 맺었다. 40세 때였다. 이듬해 공주 덕촌으로 이사하는데, 그의 호가 여기서 왔을 것이다.

그가 왜 영조에게『반계수록』을 추천했는가? 그것은 그의 실사구시론에서 비롯되었다. 누차 '실사구시'를 진언하던 끝에 덕촌이 78세의 나이로 세상을 뜨기 한 해 전 상소문에서『반계수록』을 추천한 것이다.

영조는 덕촌을 신뢰했다. 왕세제 때 처음 만났는데, 그가 꾸밈없고 성실한 사람임을 알았다. 나중에 국왕이 되어 그에게 벼슬을 주고 불러서 만나곤 했다. 이미 덕촌의 나이가 65세였다. 이때 영조에게 말한 것이 바로 '실사구시'였다. 영조는 매우 맘에 들어 했다. 이 넉 자를 써서 자신의 편전의 벽에 걸어두도록 했다.

덕촌이 실사구시를 강조했던 것은 심각한 허위의 풍조를 배격하기 위한 것이었다. 그의 진단에 의하면, 언필칭 '의리', '사문(斯文)' 등을 내세우지만, 실상은 무리를 이루어 명리(名利)를 좇고 권세에 영합하고 있다는 것이다. 그래서 의리의 목소리는 높지만 의리는 더욱 어두워진다. 심지어 '의리로써 천하를 어지럽히고 있다'는 것이다.

덕촌이『반계수록』을 추천하게 된 배경에는 작고한 스승 명재 윤
증의 영향이 컸다. 명재가『반계수록』을 높이 평가했던 것이다. 덕촌
은 또한 추천의 취지로 제도화의 중요성과 토지제도의 우선순위를
말하고 있다. 바로 그 해답이『반계수록』이었다. 그래서 영조에게 이
책을 구해 탐독하고 신료들이 토론하여 방책을 강구하면 좋겠다고
권했다.

유형원은 북인계 남인으로 분류된다. 그의『반계수록』은 소론계인
윤증과 양득중이 인정하여 추천한 이후, 당색을 불문하고 주목을 받
게 되었다. 노론계에서는 홍계희를 선구로, 홍대용·박지원·이덕무
등 백탑파가 대표적 경세서로 평가했고, 남인계에서는 오광운·이익
등을 이어 정약용이 깊은 영향을 받았다.

최근 유형원 기념사업에 전라북도와 부안군이 상당히 공을 들이
고 있음을 느낀다. 다산연구소에서 매년 실학기행으로 전북 부안 우
반동의 반계서당에 들른다. 이곳은『반계수록』의 산실이다. 전에 방
문했을 때는 유형원의 역사적 위상을 생각할 때, 유적지 관리가 너무
소홀하지 않나 민망함을 느낄 정도였다. 그러더니 어느 때부터인가
유적지에 제법 정성을 들이고 있음이 확연해졌다.

그런 연장선에서 지난 주말에 실학학회와 실학박물관의 주최로 서
울에서 반계 유형원에 관한 학술대회가 있었다.『반계수록』외의 '유
고(遺稿)'로 연구가 확장되고 유형원에 대한 연구가 심화되었다. 이러
한 동향이 우선 반갑다. 이와 함께『반계수록』이 세상에 빛을 발하게
된 계기를 제공한 양득중을 다시 생각해본다. 당색을 초월한 그의 행

위는 그가 평소 주장한 실사구시를 추구한 결과였다.

(무등일보 2017-10-16)

• • •

반계 유형원의 『반계수록』은 국가제도를 고민하는 실학자들에 깊은 영향을 미쳤다. 당파를 뛰어넘어 인정을 받았는데, 후학들은 교조적으로 따른 것이 아니라 그의 문제의식과 정신을 창의적으로 계승했다.

정약용이 꿈꾼 나라

100년 전, 1917년 10월 러시아혁명의 파장은 컸다. 우리나라를 비롯한 약소국의 뜻있는 사람들에게 새로운 나라의 꿈을 심어주었다. 그러나 100년이 채 되지 않아 각국의 공산주의 정권은 민주화 요구에 직면하여 종식되었다. 인간과 제도에 대한 이상과 과신이 인간을 억압하는 경직된 제도를 만들어내다니. 이제는 인류에게 경험적 지혜를 주는 역사적 유산으로 남았다.

200년 전, 1817년 유배지 강진의 다산초당에서 정약용은 『경세유표』를 일단락지었다. 나라를 새롭게 하기 위한 제도적 구상이다. 정약용은 자신의 이상을 어떻게 제도적으로 구현할 것인가 고민했다. 그런데 『경세유표』는 군주제를 전제로 하는 것으로서, 결코 혁명적인 책이 아니었다.

20년 전, 우리 사회는 외환위기의 충격을 겪었다. IMF 처방에 따라 정상화를 조속히 이뤘지만, 이후 우리 사회의 모습은 달라졌다. 기업 차원의 효율성 추구는 국민경제 차원에서 실업과 비정규직의 양산으로 나타났다. 평생직장이란 것은 사라졌다. 개인은 무한경쟁에 내몰리고, 사회는 분야마다 양극화의 폐해가 심화되었다.

2017년이 곧 저물어가는 이즈음, 초고령사회, 기술의 발전 등이 우리의 미래를 불안하게 하고 있다. 우리뿐 아니다. 세계적 차원에서도 삶의 불안감은 심화되고 있다. 과연 우리 사회는 이대로 가도 되는 건가. 이제까지의 방식이 더 이상 문제를 해결해주지 못하고 문제가 점점 심화된다면, 뭔가 인식의 전환이 필요한 것 아닌가. 이른바 패러다임의 전환이라는 것이 필요한 때가 아닌가.

지난 금요일, 국회도서관 소회의실에서 『경세유표』 저술 200주년 국회세미나가 있었다. 저술 200주년을 기념하면서, 다산초당에서 정약용이 꿈꾼 나라가 무엇이었을까 생각해보는 자리였다.

정약용이 강진에 유배 가기 전, 38세로 아직 관직에 있을 때인 1799년에 쓴 중요한 글이 '원목(原牧)'과 '전론(田論)'이었다. '원목'은 목민관(지도자)이 민(民)을 위해 있음을 선언한, 정치분야의 핵심적 글이라 한다면, '전론'은 민을 잘살게 하는 목민관의 임무를 밝히고 '여전제'라는 토지제도를 제시한, 경제분야의 핵심적 글이다.

'전론'에서 군주와 목민관의 임무를, 민의 자산(資産)을 골고루 마련해 다 함께 잘 살도록 하는 것으로 규정했다(能均制其產而竝活之者 君牧者也). '병활(竝活)', 즉 함께 산다는 이 단어가 주목된다. '여전제'에서 주목할 아이디어는 첫째 농사짓는 사람에게 공적인 농토를 제공한다는 점이고, 둘째 일한 만큼 얻을 수 있게 하는 점이다. 정약용은 현실적이었다. 여전제의 시행을 궁구하면서 사람이 이익을 좇는 것을 자연스런 욕구로 전제했다.

정약용이 '전론'의 주장은 나중에 달라졌다고 말했지만, 구체적 실현방안이 달라졌지 기본 아이디어가 크게 바뀐 것은 아니라고 본다. 『경세유표』에서는 상당한 분량을 전제(田制), 즉 토지제도의 논의에 할애했다. 요즘 식으로 보면 일자리 마련을 위한 제도적 고민이었다.

『경세유표』에서 정약용은 선비를 비롯한 모든 사람이 일하는 사회를 도모했다. 심지어 국왕조차도 부지런하고 치밀하게 일하는 사람이었다. 정약용은 사적인 이익을 위한 중간착취를 배제하고 공적 시스템을 바로잡고자 했는데, 이 시스템의 정점에 있는 국왕은 공적인 존재로서, 구름 위에 군림하는 것이 아니라 열심히 일하는 사람이었다. 국왕을 보좌하는 신료들도 당연했다. 정약용이 꿈꾼 나라는 모두 함께 일하고, 모두 함께 벌고, 모두 함께 살아가는 공동체였다.

지금 우리 사회도 일자리가 화두다. 질 낮은 일자리도 문제지만 그마저도 없어서 문제다. 일자리는 공동체 구성원이 터 잡을 삶의 자리다. (박원재, "일자리와 삶자리", 실학산책 2017. 7. 14. 참조) 일자리의 부족과 불균형을 해소하기 위해, 동일노동 동일임금의 원칙이나 노동시간의 조정 등, 돈과 시간의 문제와 결부된 접근이 필요하다. 돈은 노동의 대가일 뿐 아니라 사회적 안전망을 확보하는 수단이요, 소비수요를 낳는 거시경제의 요소다. 돈은 돌아야 한다.

노동시간과 여가시간의 조화는 삶의 질을 결정한다. 개인적 차원에 그치지 않는다. 거시적으로 일과 돈과 시간이 모두 조화롭고 균형을 이뤄야 경제가 활성화되고 우리 공동체의 건강성이 회복될 것이다. 각자도생에 급급한 요즘 사회가 안타까운데, 개인적 차원의 최선이 합해져도 공동선으로 귀착되지는 않고 있다. 공동체 차원의 해법이 필요하다.

지난 국회세미나는 성황리에 마쳤다. 많은 이야기가 나왔다. 정약용의 사상을 법고창신의 자세로 열린 자세로 되새길 기회가 계속되길 기대한다. 나아가 공동체 의식의 회복을 바탕으로 공동체의 건강성을 회복하기 위한 실천이 이어지길 기대한다.

(다산포럼 2017-11-21)

• • •

정약용이 꿈꾼 나라는 모두 함께 일하고, 모두 함께 살아가는 공동체였다. 모두들 일과 돈과 시간이 조화와 균형을 이루는 삶을 살았으면 한다.

황종희와 정약용

　정약용의 글을 읽다 보면, 어떻게 그 시대에 그런 생각을 했을까 하며 감탄한다. 그런데 이것은 필자가 과문한 탓이 컸다. 나중에 성호 이익, 박제가, 박지원, 정조 등의 글을 읽으면서 비슷한 아이디어가 이미 있었음을 알게 되었다. 물론 그렇다 해도 그 아이디어를 수용하여 자신의 사상체계를 이룬 점에서 그 가치가 퇴색하지는 않는다.

　정약용은 국내 인물뿐만 아니라 중국과 일본 사상가의 책도 두루 읽었다. 중국의 황종희(黃宗義, 1610~1695)도 그 가운데 한 사람이다. 황종희는 정약용보다 약 150년 전 인물이다. 황종희는 명말청초의 인물이다. 그의 나이 35세인 1644년에 북경은 이자성 반란군에게 함락된 후 뒤이어 청군에 함락되었다.

　황종희가 반청활동에 뛰어들었지만, 청의 중국지배는 점점 확고해졌다. 53세 때 반청활동을 접고 『명이대방록(明夷待訪錄)』을 썼다. 미네르바의 부엉이는 황혼 녘에 날 듯, 패망한 왕조에 대한 반성이었다. '명이(明夷)'란 64괘의 하나로서 해가 땅속에 들어가 밝음이 상(傷)

한 형상이다. '대방'은 의견이 쓰일 때를 기다린다는 뜻이다. 무능한 군주가 위에 있어 어두운 시대를 만났지만, 자신의 의견이 쓰일 때를 기다린다는 뜻이다.

『명이대방록』의 첫 편이 '원군(原君)'이란 글이다. '원(原)'이란 '원래 의미를 밝힌다'는 뜻으로 옛 문장 장르의 하나다. 결국 '원군'이란 요 즘식으로 표현하면 '군주란 무엇인가'이다. 여기서 전제적 군주에 대해 정면으로 문제를 제기했다. "옛날에는 천하의 백성이 주인이고 군주가 객(客)이어서, 군주는 천하를 위해 일생 동안 경영했다. 지금은 군주가 주인이고 천하 백성이 객이어서, 백성은 군주를 위하느라 평안을 얻을 수 없다."

'원신(原臣)'이란 글에서는, "내가 벼슬을 하는 것이 천하를 위한 것이지 군주를 위한 것이 아니다", "천하의 치란(治亂)은 한 왕가의 흥망에 있는 것이 아니라 만민(萬民)의 근심과 즐거움에 있다", "(천하를 위해 일하는) 신하는 군주와 이름만 다르고 실질은 같다" 등의 말을 했다. 그래서 "내게 천하의 책임이 없다면 나는 군주와 관련 없는 사람이다"고 말하고 있다.

세 번째 '원법(原法)'이란 글에서는, 옛날의 법은 천하의 재부(財富)를 천하에 두는 법이었는데, 후대의 법은 천하의 재부를 개인의 광주리에 담는 법이라면서, 그것은 왕가 한 집안의 법이지 천하의 법이 아니라고 지적했다.

요컨대 황종희의 글은, 군주가 자의적으로 전제권을 행사하는 것을 반대하여, 공(公) 천하의 의식을 바탕으로 군주와 신료(臣僚)가 천하를 위해 객관적인 법으로 통치해야 한다는 주장이었다.

이상의 주장은 정약용의 유명한 '원목(原牧)'의 논리와 비교할 수 있다. 정약용은 지도자를 목(牧, 목민관)이라 지칭하면서 "목민관이 백성을 위해 있느냐, 백성이 목민관을 위해 사느냐?"라는 질문으로 글을 시작했다. 본래 백성만 살고 있었는데, 분쟁의 공정한 해결 등을 계기로 목민관이 생겨났다고 보았다. 여러 층위의 목민관도 작은 단위의 지도자로부터 추대에 의해 차례로 큰 단위의 지도자가 정해진 것이다. 법 또한 '민망(民望)', 즉 '백성의 바람'에 따라 생겨난 것으로, 그 존립 근거가 '백성을 편하게 하는 것[便民]'이라고 했다.

황종희는 청말에 '중국의 루소'라는 이름을 얻었다. 정약용도 근대 민주주의 관점에서 주목받았다. 두 사람을 굳이 서구적 관점에서만 접근할 필요는 없다. 군주제의 전통 속에서 군주와 민과의 관계를 어떻게 설정할 것인가 하는 문제에 답을 제시한 사상가였다. 동아시아 민주주의 사상사에서 중요한 지위를 차지한다.

사상은 평지돌출일 수 없다. 정약용의 사상적 포용력은 중국·일본뿐 아니라 서양의 학문에도 미치고 있다. 중국과 일본의 학자는 정약용의 저서와 사상을 통해, 자국의 선배 학자들의 사상을 발견하는 기쁨을 누릴 수 있을 것이다. 정약용은 실로 동아시아 대표 사상가다.

(무등일보 2017-11-27)

• • •

『경세유표』 저술 200주년을 맞이하여 이런저런 행사가 있었다. 필자 또한 『경세유표』에 관한 글을 쓰고 발표했다. 그 와중에 이 글을 쓰게 되었다. 이 저서가 완성된 강진 다산초당은 국제적 사상의 순례지로 삼을 만하다.

『목민심서』 저술 200주년과 지방선거

송나라 포청천(包靑天, 999~1062)은 강직한 청백리의 상징으로, 중국계 역사 드라마의 단골 주인공이다. 그는 권력에 굴하지 않고 준엄하여 '포염라'라는 별칭까지 얻을 정도로 명성이 높았다. 그가 부임해 있었던 개봉부에 구양수(歐陽脩, 1007~1072)가 부임해 왔다. 그에게 어떤 사람이 포청천과 같은 단호하고 위엄 있는 정사(政事)를 권했다. 이에 구양수가 대답했다. "사람의 재능과 성품은 똑같지 않다. 자신의 장점을 살리면 일의 성과를 거두지 못할 것이 없으며, 자신의 단점을 억지로 행하면 반드시 이루지 못한다. 그러니 나는 내가 능한 대로 할 따름이오."

구양수는 포청천을 흉내 내지 않았다. 위엄의 정사 대신 관대하고 간이한 정사를 추구했다. 방종과 생략이 아니라, 가혹하지 않고 번거롭지 않은 정사였다. 그가 고을에 부임하여 보름이 지나면 일이 10에서 5, 6으로 줄고, 한두 달이 지나면 관청이 절간처럼 조용해졌다. 그리고 백성은 편안해졌다.

다산 정약용의 『목민심서』 「봉공」편('예제'조)에 소개된 일화이다. 다산은 구양수와 포청천의 비교를 통해, 저마다 개성에 따라 장점을 발휘하는 리더십을 말하고 있다. 그러면서도 은연중에 겉으로 화려한 정치보다 조용하면서도 실속 있는 정치에 더 점수를 주고 있다.

같은 편('공납'조)에는 이런 말도 인용하고 있다. "이익 하나를 일으키는 것은 폐해 하나를 제거하는 것만 못하고, 일 하나를 만드는 것은 일 하나를 줄이는 것만 못하다. 위엄은 청렴함에서 생기고, 정사는 부지런함에서 이루어진다." 청렴과 근면을 강조한 것이다. 다산이 청렴을 강조했지만, 그것은 요건이지 전부는 아니었다. 즉, 어느 지방관이 스스로는 청렴하고 백성을 사랑하지만 실무에 익숙지 않고 시나 읊는 동안 관청의 창고가 바닥난 사례를 소개하며 경계한 것(「율기」편 '칙궁'조)이 그런 맥락이다.

다산이 왜 『목민심서』를 썼는가? 『경세유표』가 낡은 제도를 고쳐서 나라를 새롭게 하려는 것이었다면, 『목민심서』는 기존의 제도 아래에서도 목민관(지방 수령)이 잘만 운영하면 백성들에게 혜택이 돌아갈 것을 기대한 것이다. 다산은 『목민심서』 첫 구절에서 경고부터 했다. "다른 관직은 구해도 좋으나 목민의 벼슬은 함부로 구하지 말라!" 왜 그런가? 중앙의 관직은 대체로 국왕을 보좌하고 혼자 하지 않는 것이지만, 지방은 규모만 작을 뿐, 지방 수령은 국왕처럼 여러 가지를 홀로 결정해야 한다. 수령이 잘못하면 그 결과가 백성들에게 치명적인 것이다.

어떤 사람이 수령 노릇을 할 것인가? "덕이 있어도 위엄이 없으면 잘할 수 없고, 뜻이 있어도 밝지 않으면 잘할 수 없다." 제 한 몸 착하더라도 아전을 통솔할 위엄이 없으면 잘할 수 없고, 선정을 베풀려는 뜻이 있더라도 일을 처리하는 명석함이 없으면 잘할 수 없다는 것이다. 요컨대 통솔력과 직무능력이 있어야 한다.

현대의 지방행정은 다산이 살았던 때와 똑같지는 않다. 무엇보다 지방자치단체의 장을 선거로 뽑는다. 선거에는 유권자의 책임이 크다. 나와 안면이 있고 연고가 있는 사람을 선호하는 게 인지상정일 것이다. 그러나 공동체의 안녕과 번영을 위해 냉정할 필요가 있다. 누구를 뽑아야 진정 내게 이로울 것인가.

몇 년 전 대통령 선거에서 많은 사람이 부패 혐의가 있어도 능력이 있어서 국민을 부자로 만들어줄 것을 기대하여 투표하기도 했다. 그러나 그것은 헛된 기대였다. 아직은 혐의 수준이라 단정할 수는 없지만, 공직에 있으면서도 자신의 사적 재산을 증식하는 데 주력했다는 사실이 문제 되고 있다.

『목민심서』는 1818년 봄에 유배지 전남 강진에서 완성했다. 그해 가을에 긴 18년의 유배가 끝났으니, 그해는 다산에게 대단히 뜻깊은 해다. 올해가 바로 그 200주년으로, 여러 유관단체에서 기념행사를 할 것으로 예상된다. 올해 6월에는 지방선거가 예정되어 있다. 『목민심서』의 정신을 생각하면, 이번 지방선거에서 부패하거나 무능한 사람은 피해야 한다. 특히 공직을 이용해 사익만 취할 사람을 뽑는 일은 없어야 한다.

(경남신문 2018-03-21)

・ ・ ・

　다산의 대표 저서가 『목민심서』다. 책 이름은 유명한데, 책의 내용
과 정신은 얼마나 공유하고 있을까? 리더십도 개성에 따른다는 다산
의 지적이 흥미롭다.

안의현감 연암 박지원의 지방행정

지방자치단체장과 의원을 뽑는 선거가 끝났다. 남북관계와 북미 회담이 너무 압도적인 이슈였고, 야당은 리더십을 잃고 지리멸렬했다. 선거 결과는 대략 행정부에 힘을 실어주고 야당의 각성을 촉구하는 의미로 읽을 수 있겠다. 그런데 지방선거는 어디까지나 지역의 일꾼을 선출한 것이다. 이제 지역의 일이 과제이다.

연암(燕巖) 박지원(朴趾源, 1737~1805)이 경상도 안의현감(安義縣監)에 임명됐다(1791). 그때가 55세로 상당히 늦은 나이였다. 이미 『열하일기』로 이름을 알린 바 있지만 과거 시험과는 무관하게 살았던 사람이다. 뒤늦게 관직을 얻고 급기야 지방관으로 발령이 난 것은 모두 정조의 배려였다. 연암은 안의에 부임해 몇 가지 공사를 했다.

오랫동안 방치해 폐허가 된 관사를 정돈하고 손질했다. 누각 옆에는 연못을 만들었다. 사람들이 와서 보고는, 연못은 전에 없었고 누각은 전에 있었던 사실을 깨닫지 못하고서 말했다. "누각이 날개를 단 듯, 연못에서 솟아 나왔다." 담 밖에 100자 높이의 오동나무가 있어

누각의 이름을 '백척오동각'이라 지었다.

연암은 말했다. "먹던 장도 그릇을 바꾸면 입맛이 새로워지고, 다니던 길도 환경이 달라지면 보는 마음과 눈이 달라진다." 연못을 새로 만들자 원래 있던 누각이 새로 생긴 듯 살아났다. 정치도 그렇지 않을까. 전임자가 한 것을 모두 부정하는 것은 득책이 아니다. 한 가지만 잘 바꿔도, 나머지 기존의 것이 함께 살아나고 새로워질 수 있다.

백척오동각의 남쪽 집을 '공작관'이라 이름을 붙였다. 경관과 전망이 계절과 위치에 따라 달라지기 때문이었다. 초목을 심어 봄여름에는 병풍이 되고, 가을 겨울에는 울타리가 되게 했다. 문을 달지 않고도 자연스럽게 입구를 만들었다. 담을 뚫어 도랑물이 흘러 들어와서 모였다가 굽은 물길을 따라 흘러나가게 했다. 그래서 같은 집에서도 경관이 달라지고, 자리를 옮기면 경관이 바뀌게 된 것이었다.

연암에게 공작새는 사물의 인식과 미의식에 깊은 영감을 주었다. 연암이 중국에 가서 처음 공작새를 보았는데, 공작새가 활짝 날개를 펴면 깃털의 색깔이 다채롭고 빛깔이 찬란했다. 연암은 말했다. "글을 쓰면서 종이와 먹을 떠나지 못한다면, 아언(雅言)이 아니요, 색깔을 논하면서 마음과 눈으로 미리 정한다면, 정견(正見)이 아니다." 연암은 눈으로 보고도 다양한 차이를 살피지 못하고 형용하지 못하는 것은 꽉 막힌 마음 때문이라며, 이를 경계한 것이다.

연암은 관아의 지저분한 곳을 정리하고 집을 지어 '하풍죽로당'이라 이름을 붙였다. 하풍(荷風)은 '연꽃 향기', 죽로(竹露)는 '대나무 이슬'이란 뜻이다. 후임자가 이 집에 거처하면서, 연꽃 향기가 바람을 타고 멀리 퍼지는 것과 대나무 이슬이 고루 적신 것을 보고, 정사도 그렇게 두루 고르게 베풀기를 기대한 것이다.

연암의 정신이 담긴 이런 건물들을 지금은 볼 수 없다. 다만 기문 (記文)을 통해 전해지고 있을 뿐이다. 연암은 일찍이 중국에 가서 수레와 벽돌과 같은 제도를 주목했다. 또한 중국 민가의 살림살이가 넉넉한 것을 보며 감탄했다. 연암이 『열하일기』에 기록한 이러한 견문들을 안의에서 일부나마 시행해보았던 것이다.

지방의 정치와 행정에서도 중앙의 힘이 압도적인 것이 현실이다. 지방선거의 현수막에 일부 여당 소속 후보가 '힘 있는'이란 수식어를 붙인 것은 민망한 모습이었다. 자원과 인재의 배분을 중앙에서 상당 부분 결정하는 현실을 반영하는 것이긴 하지만, 결코 바람직한 것이 아니다. 지방의 힘을 길러야 한다.

지방관 연암 박지원의 말을 빌려, 새로운 지방자치행정의 임기를 시작하는 사람들에게 제언해본다. "새로운 제도와 기술도 과감하게 도입해보고, 조그만 변화라도 기존의 여러 가지를 새롭게 해보세요. 서울을 모방한 천편일률적인 접근에서 벗어나 다양한 모습을 펼쳐 보세요. 연꽃 향기가 바람에 실려 넓게 퍼져나가듯, 대나무의 아침 이슬이 고르게 초목을 적시듯 현장의 민생을 챙겨 보세요."

(경남신문 2018-06-20)

· · ·

연암 박지원은 대문장가였다. 그러나 문장가에 그치지 않았다. 『열하일기』도 문학작품에 그치지 않고, 그의 깊은 경세(經世)의식을 담고 있다. 그의 실학정신과 미의식이 담긴 건물들이 안의에 남아 있었다면 정말 좋았을 텐데. 그의 글이 남아 있는 것을 그나마 다행으로 여긴다.

《미스터 션샤인》과 호락논쟁

"귀하가 구하려는 조선에는 누가 사는 거요? 백정은 살 수 있소?
노비도 살 수 있소?"

드라마 《미스터 션샤인》에서 유진초이(이병헌 분)가 던진 질문이었
다. 질문의 상대는 양반 집안의 딸로서 조선을 구하고자 의병활동에
뛰어든 여주인공 고애신(김태리 분)이었다.

유진초이는 조선에서 노비의 아들로 태어났다. 그의 가족은 사람
대접을 받지 못했다. 그는 주인이 부모를 죽이는 모습을 뒤로하고 조
선을 탈출했다. 그 후 곡절 끝에 미군 해병대 장교가 되어 돌아왔다.
고애신이 몸을 던져 구하려는 조선이란 나라에 의문을 제기하는 것
은 어쩌면 자연스러운 것이었다.

조선은 백정이나 노비가 사람대접을 받지 못하는 사회였다. 왜 이
들은 사람대접을 받지 못하는가? 조선에서는 이와 관련한 논쟁이 있
었다. 바로 '호락(湖洛)논쟁'이었다.

호락논쟁은 18세기 초반에서 19세기 초반에 걸쳐, 당시 주류였던

노론(老論) 내부에서 일어난 학술논쟁이었다. 호(湖)는 충청도를 의미했다. 낙(洛)은 서울을 의미했다. 중국 낙양(洛陽)의 낙과 같은 단어이다. 충청도 지역 노론과 서울 지역 노론의 학술논쟁이라 할 수 있다.

호락논쟁은 마음[未發之心]을 다루는 성리학 논쟁이지만, 국제관계나 사회를 보는 관점의 차이를 야기할 중요한 질문을 던지고 있었다. '인간의 본성과 물(物, 사물 또는 동물)의 본성이 같은가 다른가? 성인의 마음과 범인의 마음이 같은가 다른가?' 등이 그것이다.

호론은 인성과 물성, 성인과 범인을 구별했다. 그 연장선에서 중화와 오랑캐를 구별하고, 신분의 차별을 인정했다. 낙론은 인성과 물성이 같고[人物性同論], 성인과 평범한 사람의 마음이 같다고 보았다. 이에 따르면, 오랑캐로 경원시했던 청을 공존할 수 있는 상대로 볼 수 있게 된다. 또한 범인도 성인이 될 수 있으므로 차등적 신분질서를 부인할 수 있는 여지가 생기게 된다.

이념의 나라 조선에서는 이론적 차이가 정치투쟁으로 비화할 소지가 있었다. 당대의 군주였던 영조와 정조는 현명하게도 논쟁과 거리를 두었다. 따라서 호락논쟁은 권력 투쟁의 구실로 작동하지는 못했다. 한편 실심, 실용, 실천을 강조하는 인사들은 호락논쟁을 외면했다.

중세적 차별론을 전복하는 발상은 담헌(湛軒) 홍대용(洪大容, 1731~1783)에게서 나타났다. 그는 『의산문답』에서 '화이일야'와 '인물균(人物均)' 사상을 주장했다. 화이일야론으로 '화(중화)'와 '이(오랑캐)'의 대립 틀 자체를 부인했다. 또한 하늘에서 보면 '사람'과 '물'의 구분이 없다고 주장하여, 본질적 차이로 엄별하는 것이 실은 상대적 차이에 불과하다고 파악했다.

홍대용은 충청도 노론 명문가 출신이었지만, 낙론의 중심인 서울 근교 석실서원에서 공부했다. 그는 노론의 당론에 갇히지 않는데, 그가 견지한 자세는 '공관병수(公觀並受)'였다. 공정하게 보고 아울러 받아들인다는 것이다.

정조 사후, 안동 김씨 가문의 집권으로 귀결되었듯이, 호론은 정치적으로 패퇴했고, 낙론은 정치적으로 승리했다. 그러나 낙론 인사들은 지위에 안주할 뿐 시대의 변화를 이끌어내지는 못했다. 결국 논쟁은 사회를 이끌 동력을 만들어내지도 못하고 사라진 셈이다.

그러나 한 걸음 떨어져서 보면, 분별과 배제의 논리는 여전하고 강고했다. 오히려 투쟁 국면에서 더욱 위력을 발휘했다. 외세를 오랑캐로 간주하고 투쟁의 논리를 세운 위정척사파가 의병활동의 초기에 강력한 동력이 되었다. 양반과 상민의 분별은 민족이란 분별로 바뀌었다. 민족은 우리에게 아직도 감동적이다. 그렇지만 근대 민족의 이름으로 인류는 이미 엄청난 재앙을 겪었다. 그런 분별과 배제의 논리가 우리 사회와 지구촌의 미래를 이끌어갈 수는 없다.

세계주의의 추종이 외부의 권위에 의존하여 자기의 무장을 해제하게 되고, 주체성을 강조하는 논리가 시대적 변화를 따라잡지 못하게 되는 것은 어제의 일만은 아니다. 어떻게 주체성을 견지하면서도 세계와 함께할 것인가. 이는 상대적 차이와 공존을 인정한 홍대용 사상이 답하고 있다.

지난달 22일 푸른역사아카데미에서 열린 서평 모임에 참석했다. 이경구 교수의 『조선, 철학의 왕국-호락논쟁 이야기』에 관한 것이었다. 책은 잘 읽혔다. 논쟁의 개요를 적절히 소개하면서도 논쟁에 매몰되지 않게 논쟁 안팎의 이야기를 적절히 교차시켜 준 필자의 요령이 돋보였다. 이 글은 그 독후감이라 할 수 있다.

(다산포럼 2018-12-11)

· · ·

사극을 잘 보지 않은 편인데,《미스터 선샤인》은 흥미롭게 보았다. 작가의 힘이 중요한 것 같다. 이경구 교수의 『조선, 철학의 왕국』도 잘 읽혔다. 홍대용의 사상적 배경을 낙론과 연결할 수 있다. 그런 지식보다 중요한 것은 홍대용 사상의 내용이다. 홍대용은 문명과 야만을 구분하는 프레임을 부정했다. 분별과 배제의 논리로는 공동체의 평화와 공존을 이끌 수 없다는 점에서 홍대용의 화이일 사상을 주목하지 않을 수 없다.

인간과 동물과 자연은 하나다

KBS 다큐 4부작《옐로스톤》을 보았다. '옐로스톤'은 미국의 국립공원 제1호로 세계 최초의 국립공원으로 일컬어진다. 그 명성에 필자도 두 차례 방문한 적이 있다. TV 화면은 볼만했다. 영상 기술이 좋아진 덕분이기도 하지만, 계절을 넘어 장시간 작업했을 촬영기사의 수고가 느껴졌다.

그런데 다큐에 등장하는 옐로스톤의 동물들은 결코 한가롭지 않았다. 맹수, 맹금조차 자식을 낳고 또 먹고살기가 쉽지 않았다. 다큐를 보면서 먹고사는 데는 인간과 동물이 무엇이 다를까 싶었다.

조선시대에 인성과 물성이 다르냐, 같냐를 두고 논쟁이 있었다. 인간의 본성과 물(사물 또는 동물)의 본성이 다른가, 같은가 하는 논쟁은 성리학의 마음에 관한 철학적인 논쟁이었다. 그 논리는 중화와 오랑캐의 구분이나 신분 차별 인정으로 연결되어 지극히 정치적인 성격을 내포하고 있었다. 그러나 논쟁은 결론을 보지 못했다.

다산 정약용은 인간과 동물이 다름을 강조했다. 인간에게 윤리적 실천을 요구하는 맥락도 있었다. '기예론'에서는 왜 귀한 인간을 하늘이 연약하게 두었냐는 질문을 던지고는, 인간에게 기예를 습득하여 살아가도록 한 것이라고 답하고 있다. 아무튼 다산은 인간을 좀 특별한 존재로 본 것이다.

담헌 홍대용은 생각이 달랐다. 인간과 동물이 다름이 없다고 본 것이다. 『의산문답(醫山問答)』에서 실옹(實翁)의 이름을 빌려 이렇게 말했다. "인간의 관점에서 물(物)을 보면 인간이 귀하고 물이 천하지만, 물의 관점에서 인간을 보면 물이 귀하고 인간이 천할 것이다. 그러나 하늘의 관점에서 보면 인간과 물이 다 균등한 것이다."

홍대용은 실옹과 허자(虛子)의 대화 형식을 빌려 자신의 세계관을 종횡무진 풀어냈다. 지구는 평평하고 네모났다고 생각하는 허자에게 우주는 무한하고 지구는 둥글며 회전하고 있다고 설파했다. 그리고 이렇게 말했다.

"지구란 우주 속의 살아 있는 물체[活物]다. 흙은 지구의 피부와 살이고, 물은 지구의 정기와 피이며, 비와 이슬은 지구의 눈물과 땀이고, 바람과 불은 지구의 혼백과 혈기다. 그래서 물과 흙은 안에서 빚고 햇볕은 밖에서 쪼이며, 원기를 모아 온갖 물체를 길러낸다. 풀과 나무는 지구의 털과 머리카락 같은 것이고, 인간과 짐승은 지구에 붙어사는 벼룩이나 이 같은 존재다."

최근 세계적으로 기후위기를 경고하고 기후행동을 촉구하는 시위가 벌어지고 있다. 시위는 23일 미국 뉴욕에서 예정된 유엔 기후행동 정상회의를 겨냥했다. 청소년이 많이 참석한 이번 시위의 주동자로

16세 소녀인 스웨덴의 환경운동가 그레타 툰베리(Greta Thunberg)가 주목을 받고 있다.

요즘 거대한 빙하가 녹아 쓰러지는 영상을 많이 보게 되고, 아마존 열대 우림이 불타는 모습을 보며, 기후변화에 관한 경각심이 많이 조성되었다. 일반 서민조차도 유난히 더워진 여름에 심상치 않은 위기감을 느끼고 있다.

옐로스톤의 독특한 빛깔은 화산이어서 그렇다. 이곳을 방문한 사람들에게 인기가 있는 곳이 간헐천이다. 이곳에서 김이 나는 온천수가 분수처럼 치솟는 모습을 보고 있노라면 지구가 숨을 쉬고 있다는 느낌을 준다. 이처럼 살아 있는 지구를 누가 괴롭히는가. 인간의 편의를 도모하는 것들이 지구에 부담을 주고, 그것이 다시 인간에게 부담으로 되돌아오는 양상이 예사롭지 않다.

《옐로스톤》에서는 맹수의 귀환이 가져온 효과를 말하고 있다. 인간에게 위험한 맹수를 몰아낸 결과 개체수의 변화가 생겨 옐로스톤의 생태계가 파괴되었다. 그리하여 인간이 인위적인 맹수 귀환책을 시행하여 생태계의 안정을 가져왔다고 보고하는 것이다.

인간이 편의를 위해 자연에 도전하여 극복했듯이 이제 자연과 함께 살아갈 대책을 찾아 행동해야 할 때다. 담헌이 말했듯 지구는 활물(活物)이다. 그곳에 온갖 생물들이 붙어사는 것이다. 우리의 삶은 지구의 일생보다 짧다. 잠시 붙어살다가 떠나지만, 뒤이을 후손도 여기에 붙어살아야 할 게 아닌가.

(경남신문 2019-09-25)

　　　　• • •

　　홍대용의 인물균(人物均) 사상은 필자가 자주 소개하는 내용이다.
홍대용의 지구 활물(活物) 사상도 현대적으로 주목할 만한 내용이다.
지구를 유기체로 파악하는 가이아 이론(Gaia theory, 1978년 영국의 제임스
러브록이 주장)을 연상시킨다.

2부

역사의 창

정조(正祖)의 자기 부정과 개혁의 좌절

"정조대왕이 좀 더 오래 살았다면…." 정조의 갑작스러운 죽음에 관해서 대부분 깊은 아쉬움을 갖고 있다. 개혁과 문예부흥의 활기찬 시대와 대조적으로, 정조가 죽자(1800) 부패한 세도정치와 피의 민란으로 얼룩진 시대가 이어졌기 때문이다. 그렇다면 정조 이후 전개된 역사에 대해서 정조에게 책임은 없는가.

호학군주이자 개혁군주인 정조에게 어울리지 않은 정책이 있었다. '천주교 금단'과 '문체반정(文體反正)'이 그것이다. 천주교 문제가 발생했을 때 정조는 신하들의 성화에 못 이겨 최소한의 처벌로 대처했다. 그러면서 정(正)을 바로 세우면 사(邪)는 자연 사라질 것이라 했다. 현실적으로 척사(斥邪)의 극렬한 방법을 피하고 부정(扶正: 바름을 부양한다)의 온건하면서 근원적인 방법을 택한 것이다. 그러나 천주교반대의 원칙은 그대로 남는다.

정치적 견제와 균형을 고려한 정조는 당시 주류적 정파였던 노론계 인물들을 겨냥해서는 '문체반정'을 내건다. 자유분방한 글쓰기를 중단하고 순정한 문장을 쓸 것을 요구했다. "근자에 문풍(文風)이 이렇게 된 것은 모두 연암 박지원의 죄다. '열하일기'를 내 이미 익히 보았거늘 어찌 속이거나 감출 수 있겠느냐?" 김조순은 반성문을 제출했고, 이서구는 문체를 군주가 관여할 수 없다며 반발했다.

천주교 금단과 문체반정은 문예부흥정책의 내용과 성과를 부정하는 정조의 '자기 부정'이었다. 정조는 온건하게 대처했지만, 그가 죽자 사정이 크게 달라진다. 정조와는 정치적 원수 사이였던 정순왕후가 실권을 쥐고 파괴에 나섰다. 정순왕후의 척사 하교로 대대적인 숙청에 나섰다. 정조의 명분으로 정조가 보호했던 이가환, 정약용 등을 제거했다.

이때 살육을 자행한 세력은 불과 5년 정도밖에 권력을 유지하지 못했다. 그러나 정조가 24년에 걸쳐 인내심을 갖고 차근차근 쌓았던 개혁의 성과를 파괴하기에는 충분한 시간이었다. 5년 후 순조의 장인 김조순에 의해 파괴세력은 물러나지만 개혁시대는 부활하지 않았고 세도정치로 이어진다. 아무런 견제장치 없이 일당독재가 가능했던 세도정치도 따져보면 정조의 책임이 없지 않다.

이른바 참여정부의 5년 임기가 다 되어간다. 정권 초기의 '대북송금특검수용'은 평화통일이라는 헌법적 과제를 하위규범인 법률 위반의 문제로 전락시켰다. '열린우리당' 창당은 당내 민주화와 혁신을 통한 정당정치 발전이라는 당면과제를 회피하는 결과가 되었다. 최근의 한미FTA논쟁은 애국적 시민과 학자들을 크게 분열시켰다. 이런 과정을 돌아보면, 노무현 정권 스스로 정체성을 훼손하고 자기 지지

기반을 분열시키는 대장정이었다.

민주정부의 집권이 1987년 민주화쟁취와 1997년 외환위기의 결과라는 역사성을 고려하면, 민주주의를 실제화하고 세계화에 적극 대응할 수 있는 경제개혁이 정권의 역사적 임무였다. 1997년 환란은 재벌들이 금융시장 개방에 편승해 단기자금 차입으로 과잉중복투자를 하다가 당한 유동성 위기였다. 정부주도의 관치금융과 재벌특혜에 의한 성장우선의 경제가 더 이상 불가능한 단계에서, 내부개혁 없는 개방이 초래한 혹독한 결과이기도 했다. 자유롭고 공정한 시장규칙과 최소한의 사회안전망을 마련하고, 정부와 공공부문이 공공성 효율성 신뢰성을 확보할 수 있도록 지속적으로 개혁하는 것은 정권의 역사적 과제가 되었다.

언론이 '기업하기 좋은 나라', '시장에 맡겨야', '규제완화' 등을 만병통치의 주술처럼 반복하고 있지만, 대기업의 성과가 고용창출과 내수확대로 잘 연결되지 않는 실정이다. 시장실패도 관치폐해도 방치할 수 없는 문제다. 노무현 정권은 언론과 시종 불화하면서도 정작 언론의 주술에서 벗어나지 못하고 경제개혁을 포기한 듯하다. 권력이 시장으로 넘어갔다는 노 대통령의 발언이 그 상징적 예다.

그러는 동안, 사람들은 부동산시장의 동향과 약간 소유한 주식이나 펀드의 가격변동에 일희일비하면서 소수 자산가의 이익을 대변하는 방향으로 동조하고 있다. 그로 인해 내 근로소득의 가치가 떨어지고 공동체 일각이 무너지는 것을 깨닫지 못한다. 재벌기업의 비리와 그 엄청난 경제적 폐해는 외면하고, 당장 경제가 안 좋아질까 걱정한다. 부패사슬을 제거하고 공정성과 투명성을 높여 경제주체 간 신뢰를 높이는 등 경제체제와 체질을 개선하는 것이 급선무이건만, 단기적 성장론과 인위적 경기부양에 현혹되고 무능보다 부패가 낫다고 생각한다. 부패 위에 세운 건물은 돌연 무너진다는 경험은 잊어버렸다. 5년 전 특권과 반칙을 거부했던 우리들이 어느새 편법이나 탈법으로라도 성공만 하면 된다는 생각을 하고 있다. 이제 10년 전 환란의 책임을 져야 했던 사람들이 '잃어버린 10년'을 외치며 화려한 복귀를 기다리고 있다.

사람들은 정조의 급작스러운 죽음을 안타까워하여 정조 독살설에 관심을 갖는다. 그러나 정조가 스스로의 가치를 부정했던 '자기 부정'의 역사적 귀추에 더 주목해야 하지 않을까. 87년 민주화와 97년 외환위기를 통해 집권한 정권이 과연 그 역사적 소임에 충실했는지 의문이거니와, 자신의 역사적 가치를 부정한 과오가 다른 공적마저 잠식하고 역사적 후퇴를 초래할까 걱정스럽다. 기우에 그치기만 바랄 뿐이다.

(실학산책 2007-12-12)

• • •

노무현 정부가 끝나갈 무렵, 여러 착잡한 생각을 담아보았다. 원래 글이 길어서 좀 줄였다. 정조 정치에 대한 아쉬움을 대비시켜 보았는데, 아직 정조에 관한 공부를 본격적으로 하기 전이었다. 지금 보면 '자기 부정'이란 표현은 정조에 대한 일반의 통속적 선입견을 전제로 한 규정이다. 나중에 이 문제의식을 바탕으로 『정조의 통합정치에 관한 연구』라는 정치학 박사학위 논문을 쓴 바 있다. 연구 후에 이 글을 보니 수정할 부분이 많았다.

정조의 경제개혁과 '기업하기 좋은 나라'

독점은 어느 시대건 자유롭고 공정한 경쟁을 저해한다. 시장이 제대로 작동하지 않는 이른바 '시장실패'를 초래한다. 정조 시대에도 이런 문제가 있었다. 특권상인에 의한 유통의 독과점이 그것이다. 이런 독과점을 없애려는 노력이 있었지만 큰 상인들의 반발과 이에 대한 정치권력자들의 비호로 번번이 실효를 거두지 못했다.

이에 정조가 개혁추진을 위해 특별히 기용한 인물인 좌의정 채제공(蔡濟恭, 1720~1799)이 나섰다.

"도성에 사는 백성의 고통으로 말한다면 도거리 장사가 가장 심합니다. … 크게는 말이나 배에 실은 물건부터 작게는 머리에 이고 손에 든 물건까지 길목에서 사람을 기다렸다가 싼값으로 억지로 사는데, 만약 물건 주인이 응하지 않으면 곧 난전(亂廛)이라 부르면서 결박하여 형조와 한성부에 잡아넣습니다. 이 때문에 물건을 가진 사람들이 간혹 본전도 되지 않는 값에 어쩔 수 없이 눈물을 흘리며 팔아버리게 됩니다. 이에 제각기 가게를 벌여 놓고 배나 되는 값을 받는

데, 평민들이 사지 않으면 그만이지만 만약 부득이 사지 않을 수 없는 경우에 처한 사람은 그 가게를 두고서 다른 곳에서 물건을 살 수가 없습니다. 이 때문에 그 값이 나날이 올라 물건값이 비싸기가 신이 젊었을 때에 비해 3배 또는 5배나 됩니다."(『정조실록』정조 15년 1월 25일)

당시 등록된 시전상인에게는 '금난전권(禁難廛權)'이 주어져 있었다. 육의전을 비롯한 시전상인들에게 나라에서 필요한 물품을 조달하도록 하고 대신 서울 도성 안과 성 밖 10리 안에서 자신들이 취급하는 상품을 독점적으로 판매할 수 있는 특권을 준 것이다. 이로써 다른 중소상인들의 상업 활동을 '난전'이라 하여 못하게 하고, 그들의 물건을 싼값으로 구매했다. 그리고는 필요한 사람에게는 비싸게 팔아 폭리를 취했다. 기존의 큰 상인과 이와 결탁한 노론 권세가가 이익을 보고, 중소상인과 백성들이 불이익을 입는 구조였다.

'금난전권'은 18세기 새로운 상품경제의 성장을 저해하는 걸림돌이었다. 개혁정치의 분위기가 조성된 정조 재위 15년, 채제공이 통공화매를 건의하고 정조가 이를 받아들였다. '통공화매(通共和賣)'란 '생산자와 소비자가 서로 통하고 함께 장사할 수 있는 것'을 뜻한다. 말하자면 '장사하기 좋은 나라'다. 이것이 바로 정조의 경제개혁조치, 신해통공(辛亥通共, 1791)이다. 정약용에 의하면, 통공조치 후 1년 정도 지나니 물가는 내려 안정되고 물자는 풍족해졌다고 한다.

독점의 폐해는 오늘날도 마찬가지로 시장질서와 기업환경을 왜곡한다. 독점규제를 통해 자유롭고 공정한 시장질서를 유지하는 것은 정부의 과제가 되었다. 선진자본주의 미국의 자본주의 역사는 독점 규제의 역사이기도 하다.

우리나라도 '독점규제 및 공정거래에 관한 법률'을 제정해 운영하고 있다. 시장지배적 지위의 남용과 불공정거래행위 등을 규제하여 '공정하고 자유로운 경쟁'을 촉진하기 위한 것이다. 그럼으로써 결국 요즘 말하는 '기업하기 좋은 나라'와 소비자 보호, 아울러 국민경제의 균형 있는 발전을 꾀하기 위한 것이다.

그런데 최근 모든 규제를 싸잡아서 오로지 규제만 풀면 기업하기 좋아지는 것처럼 말하고 있다. 1997년 외환위기와 2002년 신용카드 대란, 그리고 최근 미국경제를 뒤흔든 서브프라임 모기지(비우량 주택 담보대출) 사태는 모두 다 감독이나 규제를 소홀히 해서 생긴 것이 아니던가? '기업하기 좋은 나라'를 위해서 완화하고 폐지해야 할 규제가 있는가 하면 더더욱 존치해야 할 규제가 있다.

더욱이 요즘의 규제 완화나 '기업하기 좋은 나라'는 재벌 대기업만 배려하는 경향이다. 가령 '출자총액제한제도'를 폐지하고 '금산분리 원칙'을 완화하려고 한다. 새 정부의 공약이었던 '(대기업의) 불공정 하도급거래의 징벌적 배상제도'는 인수위의 국정과제에서 슬그머니 빠졌다.

정조의 신해통공 정신을 오늘에 살린다면, 대기업만이 아니라 모두 함께 기업하기 좋은 나라, 그래서 생업에 종사하는 국민이 더 많아지고 소비자인 일반 국민의 후생이 높아지는 나라일 것이다. 그렇다면 대기업 편향을 벗어나 중소기업들도 열심히 해볼 만한 여건을 조성하는 것이 '기업하기 좋은 나라'의 요점이 아닐까.

(실학산책 2008-02-13)

• • •

대기업, 중소기업이 함께 조화를 이루는 경제체제가 건강하다는
것은 다들 인정하는 것 아닌가. 시장에서 경쟁 끝에 생긴 독점이 이
제는 더 이상의 건강한 경쟁을 회피하고 시장을 왜곡시킬 수 있다.
그래서 공적 존재로서의 정부 역할이 요구된다. 공정한 경쟁을 보장
하고 독점의 횡포를 막아서 건강한 시장을 지켜주어야 하는 것이다.

정조의 비밀어찰과 통합의 뜻

사흘 전, 정조는 화완옹주를 석방하는 명령을 내렸다. 이에 대해 신료들이 강력하게 반대했고, 정조도 굽히지 않았다. 험한 분위기였다. 이때 우의정 심환지가 뛰쳐나가 섬돌 아래에 엎드려 관을 벗었다.

"임금의 마음을 돌리지 못하였으니, 물러가서 처벌 내리기만을 기다리겠습니다."

너무 과격한 행동이었다. 정조가 만류하며 즉시 전(殿)에 올라오도록 설득했지만, 심환지는 따르지 않았다. 정조는 마침내 심환지를 파직했다.

심환지는 노론 벽파의 우두머리였다. 정조 대 심환지. 선과 악의 대립구도는 소설에서는 매우 좋은 설정이다. 그러나 역사적 사실은 그렇게 단순하지 않았다. 이 장면은 연출된 것이었고, 그 연출자는 정조였다.

바로 전날 정조는 심환지에게 비밀어찰을 보냈다. "내일 신하들을 만날 것인데, 반열에서 나와서 강력히 아뢰고 즉시 뜰로 내려가 관을 벗고 견책을 청하라. 그러면 일의 형세를 보아 면직하든지 파직하든지 처분할 것이다. 그 뒤에 다시 임명하는 방법도 생각해놓았다."

정조의 각본대로 심환지는 충실하게 연기했던 것이다. 심환지는 원칙을 지키는 기개 있는 대신으로 신료들에게 위신을 세웠고, 정조는 자신의 강력한 의지를 과시함으로써 반대의 기세를 꺾을 수 있었다.

대부분 사람은 당파적 관점에서 정조를 본다. 가령 정조를 남인 정약용의 편에서만 본다. 착각이다. 정조는 남인을 보호했지만, 남인만의 군주가 아니었다. 적대적 세력으로 알려진 노론 벽파까지도 품에 안으려 했다. 노론의 손을 들어 줄 때는 다른 한편으로 소론들을 배려했다. 정조는 신분상·지역상 소외된 인재에 대해 적극적인 인사정책을 폈지만, 다른 한편 오래된 가문을 존중하고 그들의 기득권을 인정했던 군주였다.

당파적 관점에서 보면 정조의 진면목을 놓칠 수 있다. 정조는 당파를 초월하여 통합을 지향한 탕평군주였다. 그의 통합을 위한 정치는 역사적 반성의 결과였다. 붕당 간의 급격한 정국 전환 속에 인재들이 희생되고 정치의 반쪽이 떨어져 나갔다. 폭력의 교환 속에 정치는 제 구실을 할 수 없었다.

폭력적 상황의 종식이야말로 통합의 첫걸음이었다. 정조는 즉위하여 아버지의 복수를 주장하는 사람들을 되레 처벌했다. 살육과 보복의 악순환을 발동시킬 토역론(討逆論)을 억제하고 부득이 처벌할 때는 최소에 그치도록 노력했다. 각 정파의 우두머리가 화해하도록 친히 자리를 주선하기도 했다.

그러나 정조가 죽자 바로 폭력적 상황이 벌어졌다. 마침 조정을 차지하고 있던 노론 벽파가 정순왕후의 수렴청정을 권력 장악의 기회로 삼았다. 그리고 이념을 빌미로 남인을 옭아매어 숙청했다. 정조가 죽자마자 통합의 정치가 깨진 이유가 무엇일까? 조정에 참여했던 신료들 사이에 공존의 가치와 경쟁규칙을 공유하지 못했다는 점을 하나의 이유로 들 수 있다. 오로지 탕평군주 정조에 의해서 주재되고 유지되던 참여였고 통합이었던 것이다.

도대체 통합이란 무엇인가? 통합이 구성원들 사이의 완전한 일치를 의미할 수는 없다. 통일이니 단결이니 하는 말이 소수의 권력 독점을 은폐하고 잠재적 반대파를 억압하는 구실이 되기도 한다. 가짜 통합이다. 완전한 통일성의 비전은 다분히 환상이다. 그러한 비전을 강요한다면 이미 반발과 갈등이 예정된 셈이다.

통합이란 부분적 일치를 바탕으로 부분적 불일치와 갈등을 조정할 수 있는 상태라고 파악하는 것이 더 현실적이다. 첫째, 정치공동체의 구성원으로서 공존을 인정할 최소한의 공통가치를 공유해야 한다. 둘째, 이를 바탕으로 갈등을 관리하고 조정할 경쟁규칙에 참여자가 동의 또는 수용해야 한다. 이 경쟁규칙은 참여자들의 최대이익을 추구하지만, 서로 이해가 엇갈릴 경우 누가 이득일지 미리 결정되는 것은 아니라는 점에서 일종의 게임규칙이라고 할 수 있다.

통합은 참여를 전제로 한다. 다수의 지지를 얻는 자가 승리하는 다수의 법칙 아래에서, 경쟁은 참여를 확대하고 통합에 기여한다. 폭력이 아닌 대화와 설득을 수단으로 하고, 다수의 지지를 얻기 위해 참여를 확대할 것이기 때문이다. 경쟁이 활발할수록 통합이 더욱 확대될 것이다.

다수의 법칙엔 요건과 한계가 있다. 다수를 확인하고 반영하는 절차가 제대로 확보되어야 한다. 소수가 다수로 바뀔 가능성이 있어야 한다. 공동체의 근본가치와 공존을 침해하지 않으며, 소수가 보호되어야 한다.

우리 사회에서 통합은 매우 중요한 과제로 인식되고 있다. 야권의 두 당이 모두 통합이라는 이름을 붙인 것도 그런 사정을 반영한다. 그런데 최근 총선과정에서 민주통합당은 새로운 참여를 확대하기는 커녕 경쟁을 제한하고 기존 정파들이 나눠 먹기를 한다는 인상을 주었다. 통합진보당은 절차적 정당성을 의심케 하는 모습을 드러내 충격을 주었다.

야권통합 수준 이상의 더 큰 통합을 위해 진영논리의 실과 허를 비판적으로 검토할 필요도 있고, 남북통일을 위해 폭력적 대결구도와 관행에 대해 미래지향적으로 반성할 필요도 있다. 나아가 동아시아의 평화와 공영을 위해 동아시아 질서에 대한 역사적·세계적 통찰도 필요하다. 그러나 무엇보다 먼저 공존·참여·경쟁에 대한 건강한 인식과 관행을 수립하는 것이 절실하다. 여기서 절차적 정당성은 기본이요 필수다.

(실학산책 2012-05-18)

· · ·

정조는 대단한 군주였다. 비밀어찰을 사용해 정국을 조율했다. 그의 통합정치는 대단했는데, 그것은 어디까지나 정조의 개인적 역량에 따른 것이었다. 이 글은 필자가 만학으로 쓴 박사학위 논문 『정조의 통합정치의 연구』에서 살짝 끌어온 글이다.

사도세자의 죽음과 정조의 전략

문자메시지를 통해 사진이 날아왔다. 행사 초대장 사진이었다. '사도세자의 생애와 활동', 6월 28일, 수원화성박물관. 웬 사도세자? 참, 그렇지. 250년 전 임오년(1762)은 정약용이 태어난 해이기도 하지만, 사도세자가 죽은 해이기도 하다.

그해 여름, 사도세자는 아버지 영조의 명에 의해 좁은 뒤주에 갇혀 8일 만에 굶어 죽었다. 열한 살 세손 정조는 아비를 살려 달라 할아버지에게 애원했지만, 현장에서 들려 나오고 말았다. 사도세자는 답답함과 기갈과 모욕 속에 죽어갔다. 이른바 임오화변(壬午禍變). 이런 해괴하고도 충격적인 사건이 왜 일어났는지 그 원인에 대해서 지금도 논란이 많다. 당쟁 속에 희생되었다는 설과 부자간의 성격갈등 때문이었다는 설 등이 있다.

아무튼 그 결과는 정조에게 큰 부담으로 남게 되었다. 정조는 졸지에 죄인의 아들이 되어버렸다. 세습 군주국에서 죄인의 아들이 왕위에 오를 수 있는가? 불가론이 은밀히 유포되었다. 영조가 손자 정조를 이미 죽은 아들 효장세자의 대를 잇게 한 것도 이를 염려해서였다. 종통(宗統)에 대한 문제제기를 배제하기 위한 것이었다.

즉위 방해의 움직임을 극복하고 어렵게 왕위에 오른 정조에게 임오년의 문제는 어둡고 어려운 과제였다. 과연 이 문제를 어떻게 다룰 것인가? 정조는 회피하지 않았다. 즉위 첫날 일성이 "오호, 과인은 사도세자의 아들이다!"였다.

아버지를 위한 복수, 즉 선전포고인가? 아니었다. 바로 이어 영조가 조치한 종통을 강조했다. 친부모인 사도세자와 혜경궁에 대한 추숭(追崇)은 각각 법적인 아버지인 효장세자와 법적인 할머니인 정순왕후보다는 낮게 한다는 가이드라인을 제시했다. 더욱이 추숭논의를 제기하는 자는 형률로써 처벌하겠다고 못 박았다. 실제로 이 문제를 거론한 자를 처형했다.

왜? 주류인 노론의 힘이 두려워서? 과거사를 넘어 미래를 위해? 내 생각은 이렇다. 정조는 사도세자 건이 정치쟁점화 되는 것을 꺼렸다. 진상규명과 책임추궁을 회피한 것이다. 처벌받은 아버지 사도세자가 죄인이었든 직접 처벌한 할아버지 영조가 잘못이었든, 진상규명은 왕조의 권위를 손상시킬 것이다. 죄인의 아들, 또는 잘못 처분한 영조를 계승한 왕이 되어 정통성 시비의 단초를 제공할 수 있다.

이런 사건은 자칫 통제곤란·예측불허의 소모적 정쟁으로 발전할 수 있고, 피바람을 일으킬 수 있었다. 거론자의 진정성을 의심할 만했다. 또한 연산군 때와 같이 왕의 사사로운 복수로 전락할 수 있었다.

정조는 토역(討逆)과 추숭을 분리하는 이중적·제한적 접근을 했다.

즉, 진상규명을 수반하는 책임자처벌과 명예회복 조치를 분리했다. 책임공방의 상황을 회피한 채, 관련자들이 줄어들고 진상에 대한 접근이 어려울 만큼 시간이 상당히 지난 후에 사도세자의 명예를 회복하는 것이다. 추숭을 통한 명예회복은 효심에서만이 아니라 정통성 시비, 즉 왕권에 대한 잠재적 도전을 불식시키기 위해서도 필요한 것이었다.

정조는 이러한 선제적 대응을 통해 즉위 초기의 정국안정을 도모하고, 재위 2년에는 경장대고(更張大誥)를 선포해 국정 방향을 제시했다. 민산(民産)·인재(人材)·융정(戎政, 국방)·재용(財用)의 네 가지 항목으로 구성된 대고는 국정 전반에 관한 개혁의 대강을 밝힌 것이었다.

16년이 지난 훗날 정조는 임오화변 관련자들이 다른 죄목으로 법망에 걸려들었을 때 가차 없이 처벌했노라고 회고했다. 한편, 사도세자의 추숭에 가장 비판적인 정파까지도 추숭의 단계적 진척에 일정한 역할을 하게 했다. 결과적으로 자칫 분열과 정치의 파탄을 불러올 이슈를 오히려 통합의 기회로 활용했던 것이다.

정치의 중요한 기능이 바로 의제설정이다. 정치적 의제는 정치공동체에 일정한 갈등구도를 조성한다. 어떤 의제, 어떤 갈등요인을 쟁점화하느냐에 따라 소모적 정쟁과 분열을 초래할 수도 있고, 생산적 정치와 통합에 기여할 수도 있다. 오늘날 정파적 관점과 근시안적 안목에서 갈등을 이슈화하여 사회의 분열과 반목을 낳는 것을 종종 본다. 정조의 통합지향적 갈등전략에 주목하는 이유다.

민주국가에서 선거는 정치적 의제가 설정되는 중요한 기회다. 의제는 현실성 있는 정책으로 구체화되어야 한다. 747과 같은 허황된 구호는 곤란하다. 공공성과 책임의식에 기초해야 함은 물론이다. 또한 정치 참여를 수반하고 조직화를 통해 뒷받침되는 것이어야 한다. 다만 이런 과제는 정당이 주도적 구실을 해야할 텐데, 그걸 기대하기에는 기존 정당이 썩 미덥지 못한 실정이다.

(실학산책 2012-06-29)

• • •

정조는 즉위하자마자 "나는 사도세자의 아들이다"라고 선언했다. 문제를 피하지 않았다. 그러나 일정한 가이드라인을 제시함으로써 상황을 주도했다. 정조의 통합지향적인 의제설정과 갈등전략은 배울 만하다.

사도세자가 억울하게 죽었다는 우리들의 인식 배경에는 정조의 명예회복 작업이 있었다.

문재인이 광해군에게 배워야 할 것

거사일. 약속한 군사가 다 오지 않았다. 500명 정도의 오합지졸이 모였을 뿐 지휘할 대장도 오지 않았다. 뒤늦게 전열을 정비하여 창덕궁으로 향했다. 경호책임자가 궁궐 문을 열어 맞이했다. 군사들이 인정전에 들이닥쳤다. 황급히 도망쳤던 광해군(光海君, 1575~1641)은 곧 잡혀와 폐위되었다. 1천 명 남짓한 군사로 쿠데타는 성공했다. 이른바 '인조반정'. 광해군 정권이 이처럼 허망하게 몰락한 이유는 무엇이었을까?

광해군은 어렵게 왕위에 올랐다. 서자인 데다 둘째였다. 임진왜란이라는 특수한 상황에서 갑자기 세자로 책봉되었다. 도주에 나선 아버지 선조를 대신해 전선에 뛰어들었다. 의병을 모집하고 항전을 독려했다. 그런데 나중에 선조의 계비 인목왕후에게서 적자 영창대군이 태어났다. 후계자가 바뀔 판이었다. 이 위기를 넘기고 왕위에 오른 것은 대북파의 지도자 정인홍의 목숨을 건 행동 덕분이었다.

대북파 정권은 지도자인 정인홍이 재야에 머물고, 조정에선 그의 권위에 기댄 이이첨이 실제 권력을 행사했다. 정인홍을 비롯하여 북인에는 임진왜란 때 의병장이 많았다. 전장에서 목숨을 걸고 싸운 그들은 피난하는 왕만 따라다니다 공신이 된 신료들이 같잖아 보였을 것이다. 오현종사(五賢從祀) 문제 등을 통해 대북파는 다른 정파들을 무시했고 불화했다.

광해군은 조선시대 내내 폭군, 혼군(어리석은 군주)으로 규정되었다. 그런 일방적 규정은 다분히 승자의 역사해석일 수밖에 없다. 그에게 과오도 있지만, 공로도 있었다. 지금 상영중인 추창민 감독의 영화 《광해, 왕이 된 남자》에서는 진짜 광해와 가짜 광해가 나온다. 이병헌이 두 사람 역을 모두 연기해 흥미로웠다. 두 사람의 광해군이란 발상은 광해군의 공로와 과오가 혼재된 사실에서 모티브를 얻은 것이라 할 수 있다.

광해군의 과오로 거론된 것은 세 가지였다. 첫째, 폐모살제. 계비 인목왕후를 어머니로 인정하지 않았으며 그가 낳은 동생 영창대군을 죽였다. 둘째, 인재의 축출, 과도한 궁궐 토목공사 등 정치가 잘못되었다. 셋째, 임란 때 군사를 보내준 명의 은혜를 저버렸다. 폐모살제는 유교국가에서 치명적인 과오였다. 하지만 왕조권력의 특수성에 근거한 반론이 있을 수 있다. 그의 균형외교는 탁월한 정책판단이었다는 주장이 있다. 광해군의 업적으로는 대동법 시행, 동의보감 편찬 등이 거론된다.

광해군과 대북의 몰락은 무엇보다 정치의 편협함 탓이었다. 역모 사건의 옥사가 잦았다. 이이첨의 권력남용과 광해군의 의심이 작용했다. 도대체 조작인지 실제인지 알 수 없었다. 역설적으로 잦은 역모 옥사는 정권을 역모로부터 보호하지 못하고 정치권력의 기반을 더 취약하게 했다. 정작 역모가 발생했을 때 이를 저지하지 못했다. 광해 군과 대북의 뺄셈정치로 인해, "서인은 이를 갈고, 남인은 원한을 품고, 소북은 비웃는" 상황이 되었다.

새 정권은 '반정'이라 자칭했지만, 그 정당성이 견고할 수 없었다. 유교국가에서 '효'도 중요하지만 '충'도 중요했기 때문이다. 대북파와는 다른 덧셈정치로 정당성 부족을 만회하고자 했다. 대북을 제외한 나머지 정파를 포용하고 널리 인재를 기용하는 것이다. 서인과 남인의 연합정권은 역사상 주목받는 붕당정치의 융성함을 연출하기도 했다.

《광해, 왕이 된 남자》를 보고 대선후보 문재인이 눈물을 흘렸다 한다. 그 의미가 궁금하다. 국왕도 맘대로 권력을 행사할 수 없는 온갖 제약을 보면서, 노무현 대통령의 추억이 떠올랐을까? 권력의 핵심에 도전하는 자신에 대한 연민이 일었을까? 문재인은 야권 제1당의 대선후보다. 그만큼 프리미엄을 갖고 있고, 또 책임감도 가져야 한다. 문재인은 광해군의 역사를 돌아보며 덧셈정치를 고민해야 하지 않을까.

야권은 지난 총선을 패배로 규정하고 민주통합당의 각성과 변화를 촉구했지만, 응답이 시원치 않다. 정파적 성공에 안주하는 것인가. 민주당이 야권의 요구에 제대로 응답하지 않는 동안 그 부족분은 안철수에 대한 기대로 채워졌다. 민주당이 특정 정파에 갇혀 있다는 세간의 평가와 주변의 불만 속에 안철수로의 기대 이동과 세력 규합이 이루어졌던 것이다. 이런 맥락에서 정당정치를 명분으로 안철수 진영을 압박하는 것은 앞뒤가 바뀌었다.

안철수에 대한 희망은 민주당과 문재인에 대한 실망에서 비롯된 것이다. 안에 대한 실망이 문에 대한 희망으로 돌아가지 않는다. 문재인은 안철수에 대한 희망을 끌어안을 때 비로소 야권을 대표할 대선 후보가 될 수 있다. 《광해, 왕이 된 남자》에서 서투르고 인간적인 가짜 광해가 나중엔 백성 편에 선 진정한 왕의 모습을 보여주어 관객을 뭉클하게 했다. 문재인이 자신과 동일시했을 수도 있지만, 안철수에 대한 기대를 연상시키기도 했다.

이제 야권의 두 세력은 덧셈정치를 고민할 때다. 상대 세력을 정치적 패배자로 만들어서는 덧셈정치로 나아갈 수 없다. 선거제도와 공천방식을 포함한, 정치혁신과 정당개혁의 대안이 필요하다. 자기 먼저 정책과 인물에서 구체적 대안을 제시하고 새로운 모습을 보여주어 상대 세력과 국민의 마음을 얻어야 한다.

(실학산책 2012-10-19)

• • •

《광해, 왕이 된 남자》가 화제가 되었을 때다. 야권의 유력한 대선 주자였던 문재인의 관람도 함께 화제가 되었다. 이를 소재로 썼던 글이다. 광해군은 혼군이라는 규정이 너무 일방적이기에 그에 대한 재평가는 분명 의미가 있다. 그렇지만 광해군 정권이 허망하게 무너진 이유에도 주목해야 한다. 역사의 거울로 살펴볼 내용이 묵직하다.

민생을 최우선시한 실천적 관료, 김육

조선중기 학자이자 관료였던 김육(金堉, 1580~1658)은 서울 마포에 있는 외가에서 태어났다. 김육은 중종 때 조광조와 함께 개혁정치를 추진하다 죽은 김식(金湜)의 후손이었다.

김육은 열두 살 때 책을 읽다 이런 구절을 보았다. "사랑하는 마음이 있어야 다른 사람을 구제할 수 있다." 그는 생각했다. '맞다. 그러나 사랑하는 마음만으로 안 된다. 다른 사람을 구제하려면, 관직에 있어야 할 수 있다.' 그는 실질적인 일을 할 수 있는 관직에 나아가 백성들에게 도움이 되는 일을 하고 싶었다.

김육의 성장기는 순탄하지 않았다. 임진왜란 중에 부모를 모두 잃고, 어렵게 지내야 했다. 그런 가운데에도 열심히 공부하여 26세의 좀 늦은 나이로 성균관에 들어갈 수 있었다.

성균관 시절도 순탄하지 않았다. 김육은 요즘으로 치면 학생데모를 주동한 일로 곤경에 처하게 된다. 성균관 유생들이 오현종사(五賢從祀) 문제로 당시 광해군 정권의 실력자였던 정인홍을 반대했는데,

이때 김육은 성균관재임(成均館齋任), 즉 유생 임원이었다.

이런 경험을 겪은 김육은 꿈꾸던 벼슬을 포기하고 시골로 내려갔다. 나이 34세였다. 가평의 잠곡(潛谷) 마을에서 초가삼간을 짓고 낮에는 밭을 갈고 밤에는 책을 읽었다. 숯을 구워 서울에 가서 팔았는데, 아침에 동대문을 열면 가장 먼저 들어오는 숯장수가 김육이었다고 한다. 또 이런 얘기도 전한다. 어느 날 김육에게 손님이 찾아왔는데, 농사일로 바쁜 김육은 일손을 멈추질 않았다. "농사일이란 게 제때 하지 않으면 안 된다"라며 양해를 구했다. 손님은 그가 일하는 곳을 따라다니며 얘기를 나누다 돌아갔다.

김육이 농사꾼으로 생활한 지 10년 무렵, 광해군과 집권세력을 축출한 인조반정이 일어났다. 반정세력은 널리 인재를 구했고, 김육은 그제야 벼슬에 나아갔다. 그의 나이 벌써 40대 중반이었다. 늦게 관직에 나간 김육은 점차 능력을 발휘했다.

당시 전쟁을 겪고 난 후여서 나라살림은 형편없었고, 백성들의 삶도 매우 어려웠다. 김육은 백성들의 삶을 안정시키는 것을 무엇보다 중요한 일로 여기고, 이를 위해 온 힘을 쏟았다. "나라를 위하는 길은 백성을 편안하게 하는 데 있다. 이를 위해서는 조세제도를 바로잡는 것이 매우 긴급한 일이다."

김육이 주목한 것은 조세제도, 그 가운데 특히 공물제도의 폐해였다. 그 고장에서 나지도 않는 물품을 바치라 하니 곡물농사만 하는 농민에게는 큰 고통이었고, 마을 규모와 관계없이 부과하니 불공평했다. 충청도 관찰사가 된 김육은 대동법(大同法) 실시를 주장했다.

"지금 굶주린 백성을 구제하는 방법은 대동법보다 좋은 것이 없습니다. 경기도와 강원도에서 이미 시행하였으니 충청도에서 무슨 행하기 어려울 것이 있겠습니까?"

대동법은 광해군 때 이원익이 주장하여 경기도에서 처음 시행된 공물제도 개혁방안이었다. 물품을 받던 것을 쌀로 거두고, 집안마다 매기던 것을 경작하는 토지마다 매기게 했다. 관에서는 거둔 쌀로 필요한 물품을 구입했다. 공물을 보유 토지에 따라 일정량의 쌀을 내게 하니, 전체 조세제도가 간단해졌다. 물품 조달과정에서의 농간도 사라졌다. 무엇보다 토지를 가진 만큼 쌀을 내기 때문에 부담이 공평해졌다.

그러나 대동법 개혁을 둘러싸고 저항이 만만치 않았다. 조세부담이 커진 땅부자들이 싫어했다. 여러 관료도 반대론을 폈다. 김육은 포기하지 않고 임금과 신하들을 설득했다. 그 결과 대동법은 강원도, 충청도, 전라도에서 차례대로 시행될 수 있었다. 그가 죽은 후에는 전국적으로 시행되기에 이르렀다. 대동법이 시행된 결과 농민들의 부담은 줄어들고 세수는 늘어났다. 또한 관청에서 필요한 물품은 직접 시장에서 구하게 되니 시장이 발달하게 되었다.

여러 차례 사신으로 다녀와 중국에서 보고 들은 것이 많았던 김육은 이 밖에도 백성의 삶을 안정시킬 수 있는 여러 방책을 내놓았다. 역법으로 시헌력을 보급할 것, 편리한 수레를 사용할 것, 농사에 수차를 사용할 것, 화폐를 널리 사용할 것 등을 주장했다. 그의 주장은 하나하나 실현되었다.

김육은 민생을 안정시키기 위해 실제적인 일을 많이 한 관료였다. 그의 노력은 이른바 '북벌론'이라는 현실성 없는 이념을 내세워 문제의 본질을 왜곡하고 내부 단속에만 급급했던 다른 정치적 흐름과 크게 대비되는 것이었다. 오늘날에도 민생지향의 흐름과 이념지향의 흐름이 대립되곤 한다. 앞서 경제와 실용을 내세워 출발했던 정권이 곧 무색하게 되었지만, 앞으로는 진실로 민생에 의지와 능력을 갖춘 인재들이 발탁되어 활약하길 기대한다.

(실학산책 2012-12-21)

• • •

모든 개혁은 쉽지 않다. 개혁은 추구하는 목표나 가치도 중요하지만 이를 실천할 구체적 절차(절목)도 중요하다. 또한 개혁은 그 내용도 중요하지만 이를 추진하는 사람도 중요하다. 김육의 대동법 개혁은 모든 개혁과정의 귀감이 될 만한 역사적 사례다.

정조의 법령개정 신중론과 비변사

　정조는 즉위한 지 2년쯤 지나 민산(民産)·인재(人材)·융정(戎政)·재용(財用)을 내용으로 한 '경장대고(更張大誥)'를 선포했다. 대략 민생, 인사, 군사, 재정의 네 가지의 개혁 대강을 밝힌 것이다. 정조는 이 선포문에서 나라의 상태를 큰 병이 든 사람으로 비유했다. 그리고 "경장(更張)하는 것이 옳은가, 인순(因循)하는 것이 옳은가" 묻는다. 병든 사람을 그대로 둘 수 없으니 개혁하자는 것이었다.

　그러나 정조는 법령을 바꾸는 것에 대해 신중한 입장이었다. "대개 법령은 조종조(祖宗朝: 왕조를 일으킨 시기)에 몸소 겪어보고 강구·연마하여, 넘어지고 엎어지더라도 깨지지 않을 것을 구한 연후에 거행한 것이다. 오래되면 폐단이 생기는 것이 형세이지만, 변한 것을 바로잡아 옛것을 따를 뿐, 쉽게 경장할 수 없다."

　정조의 『일득록』에서 이런 입장을 여럿 볼 수 있다. "법이 오래되면 폐단이 생기고 폐단이 생기면 바로잡는다. 그런데 바로잡는 것이 그 요체를 얻지 못하면 그 폐단이 바로잡기 전보다 오히려 심해진다."

또 섣부른 변통보다 본래의 법을 제대로 시행하는 것이 더 중요하다고 했고, "탐관오리가 설치는 것이 법이 치밀하지 못한 데서 연유한 것이 아니라, 법이 행해지지 않은 데서 연유한 것이라"는 말도 했다.

정조를 충실히 따랐던 다산은 『경세유표』서문에서 경장의 필요성을 강력히 피력했는데, 정조에 비해 더욱 절실했다. 조종(祖宗)의 법이라는 권위를 내세워 개정논의를 억제하는 경향이 있는데, 다산은 조종의 법이 아직 어수선했던 시기에 여러 사정을 좌고우면하여 원망을 적게 하는 길을 찾느라 미흡했다 하여, 오히려 그 한계를 주목했다.

다산은 "세상의 도(道)가 강물이 흐르는 것과 같아서, 한번 정하면 만세토록 불변이라는 것은 이치로 보아 그럴 수 없는 것"이라 했다. 대동법, 노비법, 군포법 등의 개정이 "모두 천리(天理)에 부합하고 인정(仁情)에 화합하여 사계절이 변하지 않을 수 없는 것과 같다"고 했다. 나아가 폐단을 드러낸 오래된 법제를 고치지 않으면 나라가 망할 지경에 이르렀다고 경고했다.

구체적 사안으로 비변사에서 정조와 다산의 입장차이를 볼 수 있다. 비변사는 『경국대전』에 규정되지 않은 임시기구였는데 점차 상설기구가 되었다. 의정부-육조 라인을 골간으로 하는 공식 관료체제를 잠식하고, 기능이 비대해졌다. 비변사의 존재로 인해 의정부는 쓸데없는 관청이 되었다. 비변사는 당시의 정치적 역관계를 반영하여 구성되는 지극히 정치적인 기구였다.

정조는 처음에 의정부가 본래 모습을 복구해야 한다고 주장했다.

본디 의정부는 왕권을 견제하는 신권을 상징했지만, 정조는 대신(大臣)의 권한을 강화하여 왕권 강화를 뒷받침하려는 의도에서 의정부의 기능을 회복하고자 했다. 그러나 나중에는 태도를 바꿨다. 임시방편적인 비변사가 이미 제도로서 고착되었다고 보아 비변사를 대신(大臣) 중심으로 운영할 것을 도모했다. 정조의 입장변화는 과거 최명길의 논의변화와 같은 모습이었으며, 선후 입장은 모두 대신권 강화를 통해 왕권 강화를 지향했다는 점에서 마찬가지였다.

다산은 『경세유표』에서 비변사 업무가 변무(邊務)만이 아니라 모든 업무[萬務]이므로 이름과 실질이 불일치하다고 지적했다. 탕평론자인 박세채가 이미 지적했던 바였다. 다산은 이름만 있고 실질이 없는 중추부가 비변사의 실질을 가져가고, 일부 기능은 없애 의정부 기능을 정상화하는 개혁안을 제시했다.

제도인식과 법령개폐론은 논자마다 차이가 있을 수 있지만, 정조와 다산의 차이에는 군주와 신료라는 지위에 따른 관점의 차이가 엿보인다.

정조가 주목한 비변사의 효율성은 정조 사후 세도가에 의해서 활용되었다. 비상한 시기를 전제한 비변사는 관료체제의 장악력과 효율성을 높일 수 있었다. 그러나 이것은 조선의 유교관료제가 내장한 견제장치를 제거하는 결과를 초래했다. 또한 명실(名實)의 불일치는 권한과 책임의 괴리를 초래할 수 있었다. 권한은 행사하면서도 책임지지 않는 것이다. 이러한 비변사를 통해 세도가는 공조직을 장악하고 사적으로 농단할 수 있었다.

오늘날 법제는 헌법, 법률 등의 순으로 위계가 있다. 헌법에 대해서는 정조의 신중론처럼 개별규정의 본래 취지와 전체의 헌법정신에 충실한 것이 우선 과제일 것이다. 또한 비변사 사례가 말해주듯, 권력기구를 둘러싼 제도운영은 효율성에 현혹되어 견제와 균형의 원리를 방기해서는 안 된다. 특히 권한과 책임이 비례하지 않는 경우를 경계해야 한다.

(실학산책 2013-05-03)

• • •

법령을 제대로 시행하지 않으면서 법령만 탓하는 경우가 적지 않다. 우선 본래의 법을 제대로 시행하는 것이 중요하다. 그러나 시대가 바뀌면 그에 맞춰 법령을 손질할 필요가 있다. 기구와 제도는 우선 이름과 실질이 상부해야 한다. 그리고 완벽한 기구가 있을 수 없다. 권한과 책임이 비례하고, 견제와 균형의 원리가 작동하도록 하는 것이 중요하다.

왕조실록 열람을 둘러싼 논란과 오늘

태종이 친히 활과 화살을 가지고 말을 달려 노루를 쏘다가 말이 거꾸러져 말에서 떨어졌다. 다치지는 않았다. 좌우를 돌아보며 말했다. "사관(史官)이 알게 하지 말라." 그러나 이 발언 자체가 그대로 『태종실록』 태종 4년(1404) 2월 8일 기사로 실려 지금까지 전해지고 있다.

세종 13년(1431)에 『태종실록』이 완성되니, 세종이 읽어보고 싶었다. "춘추관(春秋館)에서 『태종실록』 편찬을 이제 다 마쳤으니, 내가 한번 보려고 하는데 어떤가?" 우의정 맹사성(孟思誠) 등이 아뢰었다. "전하께서 만일 보신다면 후세 임금이 반드시 이를 본받아서 실록을 고칠 것이며, 사관(史官)도 임금이 볼까 봐 사실을 반드시 다 기록하지 않을 것이니, 어찌 후세에 진실을 전하겠습니까." 그해 3월 20일의 『세종실록』 기사다.

세종 20년(1438) 3월 2일에도 세종은 『태종실록』을 열람하고자 했으나 반대에 부딪혔다. 미련이 남았는지 세종은 이틀 후 춘추관에 명하여 태종이 『태조실록』을 열람한 적이 있나 없나 상고하여 아뢰도록 했다. 선례를 찾아본 것이다. 그러나 태종도 열람한 적이 없다는 답변을 들어야 했다.

『실록』의 기초자료인 사초(史草)도 열람이 금지되었다. 사초에는 사관이 국왕의 곁에서 보고 들은 것을 기록한 입시(入侍) 사초와 정리하면서 평가를 적은 가장(家藏) 사초가 있었다. 이 사초가 연산군 때 정쟁거리가 되었다. 김일손에게 불만이었던 이극돈 등이 그의 사초를 문제 삼았다.

연산군이 전교를 내렸다. "김일손의 사초를 모두 안으로 들여오라!" 이극돈 등도 이 전교를 그대로 따를 수 없었다. "예로부터 사초(史草)는 임금이 스스로 보지 않습니다. 임금이 만약 사초를 보면 후세에 직필(直筆)이 없게 되기 때문입니다." 결국 사초의 6조목만을 잘라 봉해서 올렸다.

연산군이 쫓겨난 후 즉위한 중종도 『실록』을 열람하려고 했다. 그러나 사간원에서 반대했다. "『실록』의 개폐를 엄밀히 해야 한다는 뜻은 먼 장래를 생각하는 것입니다. 지금 자성(慈城)을 혁파한 근본 원인을 상고하는 일로 『실록』을 열람하고자 하나, 한번 그 단서를 열어놓으면 훗날 폐단이 끝이 없을 것이니, 용이하게 하는 것은 마땅치 않습니다."

『실록』은 기록자의 주관성을 완전히 제거할 수는 없었다. 『선조실록』을 보면, 북인의 지도자인 조식의 졸기(卒記)는 22줄(한 줄에 대략 26자)의 분량이다. 반면 라이벌이었던 이황의 졸기는 단 두 줄에 걸쳐 기록했다. 더 심한 것은 이이의 졸기였다. "이조판서이이졸(吏曹判書

李珥卒)." 그러니까 이조판서 이이가 '죽었다'는 딱 한 가지 사실을 '졸(卒)'이라는 딱 한 자로 기록한 것이다.

인조반정으로 집권한 서인들은 다시 『선조수정실록』을 편찬했다. 이이의 졸기는 36줄로 늘어났다. 남인이 주도한 『현종실록』에 대해 서인은 『개수실록』을 편찬했다. 『숙종실록』에 대해 소론은 『보궐정오』를 덧붙였고, 『경종실록』에 대해 노론은 『수정실록』을 따로 편찬했다.

다행히 앞 기록을 없애지 않고 남겨두었다. 엇갈린 기사, 주관성이 짙은 기사도 종합·비교하고 행간을 읽으면 진실 파악에 도움이 된다. 문제는 아예 기록이 없는 경우일 것이다. 재위기간이 24년이었던 『정조실록』이 54권 56책이었던 것에 비해, 재위기간이 합쳐서 64년이었던 순조·헌종·철종 기간의 실록이 모두 65권 54책이었다. 기록 분량이 현저히 줄어들었다.

요즘 국정원이 정상회담 회의록을 공개하여 요란하다. 회담 내용에 대해 당초 논리적인 분위기가 아니다. 우리 헌법의 영토조항(제3조)과 평화통일조항(제4조)은 논리적으로 모순이라 할 수 있다. 우리 영토가 '한반도와 그 부속도서'라면, 한반도에서 북한의 영역은 인정할 수 없다. 북방한계선(NLL)도 인정할 수 없다. 그러나 평화통일을 하려면 북한의 실체를 인정해야 한다. NLL은 그저 임시적 분단 현실을 보여줄 뿐이다. 이것을 영토 수준으로 인정하여 정쟁을 삼는다면 오히려 더욱 난감해진다.

국가 안보기구의 수장이 대통령의 발언을 북쪽의 주장에 동조하는 쪽으로 열심히 해석하는 꼴이 어리둥절하다. 자가당착이다. 음지에서 일한다더니 선거에 편파적인 댓글을 달고, 양지를 지향한다더니 정보기관답지 않게 회담 내용을 가볍게 공개했다. 논리도 궁색하고 누구의 이익인지도 모르겠다. 좌충우돌 스스로 무너지는 국정원을 어찌 구제할 것인가.

(실학산책 2013-07-12)

· · ·

왕조실록은 우리 역사 속 기록문화의 대표적 사례다. 정상회담 회의록 공개가 정치적 이슈가 되어서 돌아보았다. 기록을 공개함으로써 얻는 이익과 비공개를 유지함으로써 얻는 이익이 부딪치는 사례가 종종 있다. 정파적이고 작은 이익을 좇다 공동체 전체의 큰 이익을 훼손하지 않도록 해야 할 텐데.

민(民)에 관한 '갓난아이'론과 '호민'론

민(民)은 누구인가? 민은 신민(臣民), 국민(國民), 시민(市民), 인민(人民), 민중(民衆), 서민(庶民) 등, 때와 장소에 따라 다양한 개념과 모습으로 나타났다. 옛글에서는 민을 '적자(赤子)', 즉 '갓난아이'라고도 했다.

'적자론(赤子論)'은 1801년 신유옥사를 정당화하는 논리로 동원되었다. 천주교를 엄금하는 정순왕후의 척사(斥邪) 하교가 그것이다. 신유옥사는 정조 사후 정순왕후가 정적을 제거하기 위한 도발이었으며, 척사 하교는 대대적인 천주교 탄압의 선언이었다.

"사람이 사람다운 것은 인륜이 있기 때문이며, 나라가 나라다운 것은 교화가 있기 때문이다. 지금의 이른바 사학(邪學)은 어버이도 없고 임금도 없어서 인륜을 무너뜨리고 교화에 배치되어 이적(夷狄)과 금수(禽獸)의 지경으로 돌아가고 있다. 저 어리석은 백성들이 점점 물들어 그릇되니, 마치 갓난아이가 우물에 들어가는 것과 같다. 이 어찌 측은하여 마음 아프지 않겠는가?"

『서경(書經)』에 "백성을 갓난아이 보살피듯 하면 백성이 편안히

다스려질 것이라"는 말이 있다. 유가적 정치이념은 자연스러운 가(家)의 원리를 국(國)의 질서논리로 확장시켰다. 군주의 백성에 대한 정치는, 부모가 갓난아이를 보살피듯 해야 한다는 것이다.

또한 우물로 들어가는 갓난아이의 비유는 맹자의 측은지심(惻隱之心)에서 유래한다. 맹자는 갓난아이가 위험한 줄도 모르고 깊은 우물에 들어가는 것[赤子入井]을 보는 순간 인간은 본성적으로 측은지심을 갖는다고 했다.

『조선왕조실록』에 자주 등장하는 적자라는 표현은 쓰이는 맥락과 의미를 몇 가지 유형으로 나눌 수 있다. 우선 곤란에 빠진 백성을 구제할 국왕의 의무를 밝힐 때 쓰였다. 가령 정조가 극심한 기근(饑饉)에 빠진 지방 백성에 대해, 백성의 부모로서 갓난아이를 제대로 살게 하지 못해 밥맛을 잃었다고 말하고 있다.

또 태조가 "하늘이 나를 명하여 한 나라의 군주로 삼았으니, 무릇 경내(境內)에 있는 사람들은 모두가 나의 적자(赤子)인지라, 똑같이 사랑하여 하늘의 뜻에 보답해야 한다"라고 말한 데서 알 수 있듯이, 죄인을 용서하거나 백성을 평등하게 처우하는 논리로 사용되었다.

'적자론'은 통치를 시혜적·온정적인 것으로 보는 문제점이 있지만, 그래도 백성들을 보살피는 의무를 국왕과 치자에게 부여하고 백성들을 차별 없이 모두 평등하게 대하게 한다는 점에서 나무랄 것은 없다. 그러나 정순왕후의 척사 하교에서는 일반 백성을 선악과 시비를 분간하지도 못하고 위험도 깨닫지 못하는 우매한 백성으로 규정한 후, 이들의 보호를 구실로 특정세력에 대한 강경한 탄압을 정당화하는 논리로 쓰였다.

19세기에 '적자'라는 용어는 『조선왕조실록』에 더욱 빈번하게 등장했다. 19세기는 왕조적 통치 질서가 이완되고, 궁지에 몰린 백성들이 동요하고, 각성한 백성들이 적극적 행위를 감행하는 일이 증가했던 민란의 시대였다. 이 시기의 적자론은 현실을 호도하고 시대의 변화를 외면하는 논리였다.

적자론이 통치자의 입장에서 민을 본 것이라면, 민의 입장에서 민을 본 것이 있다. 바로 허균(許筠, 1569~1618)의 '호민론(豪民論)'이다. 그는 항민·원민·호민의 세 가지를 말했다. 항민(恒民)은 성공이라야 함께 즐기고 늘 보는 바에 구속되며, 그냥 따라서 법을 지키고 윗사람에게 부림을 당하는 사람이다. 원민(怨民)은 모질게 수탈당해, 생산한 것을 다 바쳐 끝없는 요구에 대느라 시름하고 탄식하면서 윗사람을 탓하는 사람이다. 호민(豪民)은 자취를 푸줏간에 감추고 몰래 딴 마음을 쌓으며, 시대적 변고를 틈타 원하는 바를 실현하려는 사람이다.

호민은 나라의 허술한 틈을 엿보고 일의 형세가 편승할 만한가를 노리다가 팔을 휘둘러 논두렁 위에서 한번 소리친다. 그러면 저 원민이란 자들이 소리를 듣고 모여들어 모의할 것도 없이 함께 외친다. 저 항민이란 자도 살길을 구해 부득불 호미 따위 농기구를 들고 따라와 무도한 놈들을 쳐 죽인다.

호민론에서 민을 일률적으로 보지 않고 유형화한 것은 주체적이고 실천적인 면이 있다. 다만 왕조사회를 전제로 한 점에서 그 내용이 지금 시대에 맞지 않은 느낌도 없지 않다. 민을 갓난아이로 보는 적자론은 지금 시대엔 전혀 맞지 않는다. 그런데 민을 오염대상으로 보고 위험을 내세워 특정세력을 탄압하는 모습이 낯설지 않은 것은 웬일일까.

(실학산책 2013-11-15)

• • •

개별적으로는 다양한 얼굴을 가졌지만, 이들이 합쳐진 민은 함부로 단정 짓기 어렵다. 지식인들은 민을 관념적으로 대하는 경향이 있다. 민은 어느 땐 존재감이 없다가도 어느새 역사의 전면에 나서 역동적인 모습을 드러내기도 한다. 허균이 지금에 와서 '호민론'을 다시 쓴다면, 그 내용이 어떨지 궁금하다.

갑오년에 있었던 일

갑오년 5월 7일(음력), 서기로는 1894년 6월 10일(양력). 농민군과 관군은 전주에서 화약(和約)을 맺었다. 그날 청국 군대가 서해안 아산만에 상륙했다. 이틀 후에는 일본 군대가 인천에 상륙했다.

이에 앞서 농민군은 보국안민(輔國安民)을 내걸고 봉기했다. "벼슬아치의 탐학에 백성이 어찌 곤궁치 아니하랴. 백성은 국가의 근본이라. 근본이 시들면 국가는 반드시 없어지는 것이다. 보국안민(輔國安民)의 방책을 생각지 아니하고 다만 제 몸만을 생각하여 국가의 봉록만 없애는 것이 어찌 옳은 일이랴."

봉기할 때 3천여 명이었던 농민군은 고창을 지나 백산에 이르니 8천 명이 되었고, 백산 전투에서 관군을 격파했다. 인천에서 청국의 배를 타고 이동하여 군산에 상륙했던 서울의 관군도 황토현에서 격파했다. 농민군은 정읍-고창-무장-영광-함평-무안-나주를 거치는 동안 세력이 더욱 불었다. 장성 황룡천 전투에서 농민군이 또 승리했다.

관군은 전주성으로 후퇴했고, 농민군이 들이닥치자 성을 버리고 달아났다. 이제 전주성은 농민군이 점령하고, 관군이 공격하는 형국이 되었다. 안팎의 정세를 고려한 전봉준이 화해를 요청하고 관군이 받아들였다. 농민군은 탐관오리 응징 등의 개혁을 요구하고 해산하면서, 53곳에 집강소를 설치했다.

청국은 임오군란(1882) 때 병사들이 의지했던 대원군을 끌고 가는 등 조선에 대해 패권을 행사했고, 대원군과 맞서던 명성왕후는 청국에 의존했다. 2년 후 청국의 지배에서 벗어나려고 김옥균 일파가 일으켰던 갑신정변 때(1884)에도 일본은 아직 청국에 힘이 부쳤다.

일본은 때를 기다렸다. 머지않아 그때가 왔다. 조선의 조정은 자국의 백성을 진압하고자 외국, 즉 청국의 군대를 불러들인 것이다. 이를 구실로 일본도 군대를 인천에 상륙시켰다. 일본군은 놀랍게도 대궐에 침입하여 친청 민씨 정권을 몰아내고 친일 정권을 수립했다. 왕실은 왕실의 안전을 위해 강대국의 우열을 저울질하며 강대국의 힘을 빌리려 했지만, 결국은 승자의 요구에 농락당하는 처지가 되고 말았다.

한편, 일본 군대는 아산만에 있던 청국 군대를 공격했다. 청국이 패퇴했다. 평양까지 후퇴한 청국 군대는 평양성에서 결정적 패배를 당했다. 압록강 너머까지 쫓겨 갔다. 청과 일의 지위는 역전되었다.

친일 갑오정권은 갑오경장을 추진했다. 내용이야 오랫동안 논의된 필요한 내용이었다. 그러나 일본의 모양내기로 전락해버렸다. 그리고 갑오정권은 동학농민군에 대한 선무와 탄압의 양면정책을 본격적 토벌정책으로 전환했다. 농민군 지도자는 이런 안팎의 정세를 조심스레 살피고 있었다.

"일본이 개화라는 이름으로 처음부터 한마디 말도 없이 백성들에게 발표하고, 격서도 없이 군대를 도성에 끌어들이고 밤중에 왕궁을 깨부숴 왕을 놀라게 했다. 초야에 있는 사람이라도 임금에게 충성하고 나라를 사랑하는 마음이라면 분함을 견디지 못할 일이다."

"왜와 청나라가 싸우고 한쪽이 이기면 반드시 우리를 공격할 것이다. 우리는 숫자는 많으나 훈련이 안 된 오합지중이어서 승산이 없소. 해산한다는 명분으로 고을로 돌아가 사태의 변화를 살펴보는 게 낫겠소."

"맞소, 우리가 군사를 일으켜 많은 호응이 있었지만, 아직 양반이나 선비들이 따르지 않고 있으니 아직 일을 이루기는 어렵소."

"아니오. 이렇게 모인 무리가 일단 헤어지면 다시 모으기 어렵소. 이번에 반드시 결단을 내야 하오."

오랜 토론 끝에 싸우자는 쪽으로 결정했다. 농민군들은 진격하면서 노래를 불렀다. "가보세[갑오세] 가보세[갑오세] / 을미적 을미적 / 병신 되면 못 가리" 갑오년(1894년)에 미적거려 을미년(1895)이 지나고 병신년(1896)에 이르면, 일이 회복할 수 없도록 그르치게 될 것이니 갑오년에 승부를 내어야 한다는 뜻이었다.

삼례에서 4천 명이었던 농민군이 1만 명으로 불어났다. 한편 관군은 3천여 명이었고, 일본군은 600여 명이었다. 일본군은 잘 훈련되고 근대식 무기로 무장했다.

북진하는 전봉준의 1차 목표는 공주였다. 일본군도 공주를 중요하게 생각했다. 일본군이 공주를 먼저 점령해버렸다. 전봉준이 이끈 농민군은 온 힘을 다해 공격했지만 전투를 할 때마다 절반이 죽어 힘이 빠지고 사기가 떨어졌다. 역사적으로 볼 때, 농민군 같은 비정규군이 잘 훈련된 정규군과 정면으로 전투를 벌이는 것은 무모한 일이었다. 최후의 격전을 벌인 7일간의 우금치 전투가 끝나고 나니, 농민군은 죽거나 달아나 겨우 500명이 남았을 뿐이었다. 일대에는 수많은 시체가 나뒹굴었다.

일본군은 단순히 농민군과의 전투에서 승리한 것에 만족하지 않았다. 자기들이 앞으로 병탄할 조선에서 미리 저항세력을 제거하는 것이 과제였다. 농민군은 저항의 불씨가 될 것이기 때문이다. 일본군은 농민군을 평야인 호남 쪽으로 몰아 토끼몰이하듯 섬멸작전에 나섰다. 들판의 풀들이 짓밟히고 녹두꽃도 떨어졌다.

120년 전 갑오년의 장면이다. 우리의 갑오년은 어떻게 기록될 것인가.

(실학산책 2014-01-17)

• • •

갑오년(1894)의 일은 우리 역사의 중요한 분기점이었다. 갑오년(2014)을 맞이하여 그해의 역사를 정리해보았다. 자국의 백성을 진압하고자 외국군을 불러들이는 순간 왕조의 운명은 다했다고 봐야 할 터다.

광복 70주년, 나라의 흥망을 생각하다

지난 5월에 이탈리아를 다녀왔다. 로마제국과 르네상스의 유적을 보고 싶었다. 아름다운 남부 해안을 다니면서 구글 지도를 빙빙 돌리다 보니, 지중해에 이탈리아반도가 장화 모양으로 쭉 뻗은 모습이다. 이탈리아는 지중해의 패권을 잡기에 아주 유리한 조건을 가졌다는 느낌이 단박에 들었다. 지중해를 중심으로 한 유럽은 중국을 중심으로 한 동북아 질서와는 사뭇 다른 지정학적 원리가 작동할 것이라는 점도 분명했다.

5세기 서로마제국 멸망 후, 이탈리아는 분열을 면치 못했다. 19세기 초에야 통일이 진전되었다. 로마제국의 중심지 포로 로마노(Foro Romano)는 제국 몰락 후 흙 속에 묻혔다가 18세기에 와서야 발굴되기 시작했다. 영화로웠던 모습을 보면서 나라의 영고성쇠(榮枯盛衰)를 생각했다. 로마의 선진국이었던 그리스가 요즘 겪는 곤란한 지경을 보면서 더욱 실감한다.

8월은 광복절(光復節)과 국치일(國恥日)이 함께 있다. 나라의 흥망을 생각해보지 않을 수 없다. 로마가 하루아침에 이뤄지지 않았듯, 나라가 망하는 것도 하루아침에 결정되지 않는다. 1910년 8월 29일, 나라가 망하는 날치고는 너무 조용했다고 한다. 몇 명의 뜻있는 선비가 자결했지만, 대부분은 일상적인 생활을 했다. 기실 나라는 이미 망한 거나 다름없었다. 일본의 집요하고도 교활한 작업에 의해 국권은 여러 단계를 거쳐 하나둘 일본에 넘어간 뒤였다. 그새 우리의 저항이 없을 리 없었지만, 하나씩 각개격파 당하고 말았다.

국치일처럼 1945년 8월 15일도 조용했던 모양이다. 광복이 도둑처럼 몰래(?) 찾아왔기 때문이다. 광복(光復)! 빛을 되찾다. 예속 상태를 벗어났다는 '해방'이란 말도 극적이어서 좋지만, 원래 상태를 회복한다는 '광복'이란 말도 필연적인 의미가 담겨 있어 좋다. 『주역』의 복(復)괘는 박(剝)괘에 이어 나온다. 박이 다하여 복이 된다고 해석한다. 『주역』의 원리가 그렇듯 늘 세상은 변한다. 물극필반(物極必反). 거의 모든 것을 박탈당한 절망적 상황에서 씨앗을 남기고 희망의 싹을 틔워 되찾는다. 광복은 참으로 절절한 말이다.

1919년 3월 1일, 조선왕조 내지 대한제국이 망한 날부터 9년 후였다. 우리는 독립을 선포하고 이를 바탕으로 대한민국 임시정부를 수립했다. 나라를 잃은 순간부터 광복의 꿈을 잃지 않았던 것이다. 1930년 3월 1일 즈음에는, 심훈이 '그날이 오면'이란 시를 노래했다. 다음은 그 1연이다.

그날이 오면 그날이 오며는

삼각산(三角山)이 이러나 더덩실 춤이라도 추고

한강(漢江)물이 뒤집혀 룡소슴칠 그날이,

이 목숨이 끊지기전(前)에 와주기만 하량이면,

나는 밤한울에 날르는 까마귀와같이

종로(鍾路)의 인경(人磬)을 머리로 드리바더 울리오

두개골(頭蓋骨)은 깨어저 산산(散散) 조각이 나도

깃버서 죽사오매 오히려 무슨한(恨)이 남으오리까

　삼각산이 일어나 춤을 추고, 한강물이 용솟음칠 그날, 광복의 그날
이 왔다. 기쁨에 겨워 머리를 부딪혀 종을 치겠다는 심훈은 안타깝게
도 이미 세상을 뜬 후였다. 그때부터 어언 70년. 동족상잔의 비극도
겪었지만, 빈곤을 벗어나고 인권이 신장되었으니 참으로 다행이다.
그러나 아직도 분단의 벽은 우리 사회와 사람들의 마음을 가로지르
고 있다. 일본은 시간을 되돌리려 하고 있다. 어둠 속에 빛이 있듯, 빛
속에 어둠이 있다. 요즘 여러 조짐이 예사롭지 않다. 나라의 운세와
흥망을 다시 생각하게 한다.

　그때 나라가 왜 망했던가? 국가권력은 소수 벌열(閥閱) 가문이 장악
했다. 사회적 유동성이 현저히 떨어졌다. 서울의 소수 유력 가문이 상
층부를 장악하여 유력 가문에 줄을 대야만 간신히 출세할 수 있었다.
공적 권력은 사유화되고, 부패가 구조화되어 갔다. 정치권력의 독과
점 속에 제대로 된 정치는 사라졌다.

　근거 없는 낙관도 실천 없는 비판도 나라를 망하게 할 것이다. 위기

감 속에서 행해지는 절실한 고민과 작은 실천이 모여 나라의 운세를 바꿀 것이다. 마침내 광복 100주년이 될 무렵에는 대동강을 건너 압록강·두만강을 건너 고속열차가 대륙을 힘차게 달릴 것이다. 삼면의 해양에는 여러 나라를 다녀오는 원양선박으로 붐빌 것이다. 잃었던 소중한 것을 다시 깨달으며, 우리 함께 어깨 걸고 더 나아갈 때다.

(다산포럼 2015-07-28)

• • •

이탈리아 여행은 자연스럽게 역사기행이 되었다. 로마제국과 르네상스의 이탈리아 역사가 우리 역사를 돌아보게 했다. 화려한 역사에 너무 도취할 것도, 초라한 역사에 너무 낙심할 것도 아니다. 나라의 운명엔 흥망성쇠가 있기 마련이니까. 광복 100주년, 그날이 오면 우리나라의 모습은 어떠할까?

삼일절 98주년, '민국'의 꿈은 얼마나

3·1운동은 '대한민국'의 출발점이었다. 3·1운동 이후 상해에서 임시정부를 수립하고, 국호를 '대한민국'으로 정했다. 다른 이름으로 '조선공화국' '고려공화국'도 있었다. '대한'이란 이름으로 결정하기까지 상당한 논의가 있었던 것으로 알려졌는데, 대한·조선·고려에 대해 저마다 느끼는 바가 달라서였다. 이보다 더 주목할 것이 '민국'이다. 왜 '민국(民國)'이었을까?

왕국도, 제국도 아닌 민국이란 이름은 당시 다른 나라에서 혁명으로 새롭게 탄생한 '민주공화국'도 염두에 두었을 것이다. 1912년에 '중화민국'의 선포가 있었기에 그 영향도 거론된다. 하지만 민국이란 단어는 이미 전통시대에 사용되기 시작했고, 대한제국기에 많이 사용된 익숙한 단어였다.

전통시대 '민국'이란 단어는 '민(民, 백성)'과 '국(國, 나라)'의 병렬적 결합이었다. 17세기 과거시험에 "백성과 나라 사이에 어느 쪽이 우선인가"라는 문제가 있었듯이 일찍이 양자의 관계를 고민하고 있었다.

바탕에는 "백성이 나라의 근본[民惟邦本]"이라는 민본주의적 전통이 깔려 있었다. 그런데 탕평군주 영조, 정조가 '민국(民國)'이란 단어를 많이 사용하기 시작했다. 점차 일체화된 뜻으로 굳어져 '백성의 나라' 라는 뜻으로 사용되었다. '군주의 나라'도, '양반의 나라'도 아닌 '백성의 나라'인 것이다. 왕조시대 군주조차 존립 근거를 백성에서 찾고자 노력했던 것이다.

그러나 19세기에 나라가 제구실을 못 하고, 백성이 제대로 대접받지 못했다. 나라의 권력은 소수의 벌열가문이 장악하고, 백성의 저항은 민란으로 규정되었다. 고종 때엔 민국이란 단어가 더욱 빈번하게 사용되지만, 견딜 수 없어 들고 일어난 자국의 백성을 군란이다, 민란이다 하여 청과 일본의 군대를 끌어들여 진압하는 상황이었다. 나아가 '대한제국'을 세웠지만, 백성과 왕실이 따로인 나라가 힘을 발휘할 수 없었다. 나라가 망한 날 너무 조용했다는데, 이미 모든 정치세력이 내부와 외부의 힘에 의해서 각개격파 당한 후였고, 실의한 백성은 나라 지킬 의지를 결집할 수 없었던 것이다.

10년이 채 되지 않아, 후발 제국주의 일본의 가혹한 무단통치를 겪은 '나라 잃은 백성'은 스스로 일어나 저항할 수밖에 없었다. 지도자의 한 사람이었던 손병희(孫秉熙, 1861~1922)는 독립운동의 대중화, 일원화, 방법의 비폭력 등 세 가지 원칙을 들었다. 비폭력 저항권 행사였다. 2개월여 동안에 200만 명 이상이 만세 시위에 참여하고 7천 500여 명이 죽었다. 독립선언은 일제가 승인할 일이 아녔다. 3·1 독립선언과 만세운동을 통해 대한민국과 대한민국 국민은 탄생했다.

나라 잃은 백성이 조선왕국의 '백성'이 아닌 대한민국의 '국민'으로 탄생한 것이다.

삼일절 98주년을 맞이해 국민과 국가를 다시 생각해본다. 국민은 국가의 주인노릇을 제대로 하고, 국가는 제구실을 하고 있는가?

국민이라 통칭하지만 그 개별 구성원인 국민은 균일하지 하지 않다. 국민의 의사는 다수성으로 결정하곤 한다. 프랑스 정치학자 모리스 뒤베르제(Maurice Duverger)는 다수의 법칙과 최강자의 법칙을 대비하면서, 토론과 투표에 의존하여 다수의 지지를 얻으려는 것이 설득에 호소하고 폭력적이지 않아 더 낫다고 했다. 다수의 약자가 소수의 강자에 맞설 수 있는 점도 장점이다. 다만 소수 약자의 보호와 수효로 평가할 수 없는 가치의 보호가 남는 과제일 것이다.

국가의 중요한 기능 가운데 하나가 폭력을 관리하는 것이다. 국가가 물리적 강제력을 전유하고, 미리 규정된 신중한 절차(헌법질서)에 따라 행사하는 것이다. 폭력성을 제거하고 공동체의 질서와 평화를 지키는 방식이다. 만일 국가권력이 헌법질서를 유린하고 폭력을 행사한다면, 국민의 저항권 행사가 최후의 수단으로 고려될 것이다. 폭력을 마구 부추기는 발언은 양식 있는 시민들이 경계해야 한다.

국가기관의 하나인 헌법재판소가 중요한 판결을 앞두고 있다. 선출된 대통령을 탄핵한다는 것은 매우 신중하게 결정해야 한다. 그래서 헌법재판의 인용결정은 재판관 정원의 3분의 2인 6명 이상의 찬성을 요구하여 어렵게 하고 있다. 그러나 국정농단에 실망하고 분노한 다수 국민의 요구와 이에 따른 국회의 다수 의원의 의지를 뒤집는 것은 더 어려울 것이다. 당초 정치문제를 사법권으로 끌고 가는 것은 바람직하지 않지만, 정치적 사법기관이랄 수 있는 헌법재판소가 최종결정으로 정치·헌법 공동체의 질서와 평화를 유지하는 임무를 수행해야 할 처지이다.

지금은 많은 것이 여의찮지만, 2년 후 3·1절 100주년에는 국가가 제구실을 하며, 안으로 남쪽뿐만 아니라 북쪽까지 국민통합의 기운이 넘치고, 밖으로 도의와 협력이 충만한 시대가 되었으면 한다.

(다산포럼 2017-02-28)

· · ·

이 글을 쓴 것은 대통령 탄핵심판을 앞둔 때였다. 3·1절을 맞이하여 '민국'의 역사와 함께 국민과 국가를 생각해보았다. 3·1절 100주년을 맞이하고 두 해가 지났다. 그동안 성취한 것도 있고, 아직 더 노력할 것도 있다. 그동안 이룬 역사적 노력과 성취가 힘이 될 것이다.

삼일정신, 100년의 꿈

　3월 1일 해질녘, 창밖의 태극기를 내리면서 생각했다. 하루론 부족하지 않나. 삼일운동 100주년인데, 올해 1년 정도는 내내 게양해야 하는 건 아닌가. 그것보다 더 중요한 것은 그 정신을 되새겨 보는 것일 게다. 최근 발간된 두 권의 책이 우선 주목된다. 역사학자 박찬승 교수의 『1919』와 헌법학자 한인섭 교수의 『100년의 헌법』이 그것이다.

　1919년 3월의 만세운동은 몇몇 영웅의 작품이 아니었다. 상하이, 도쿄 등 해외와 국내에서 긴박한 준비과정이 있었고, 수많은 사람의 고민과 헌신이 있었다. 독립선언서를 인쇄한 보성사 직원 인종익은 나중에 체포되어 경찰의 질문에 다음과 같이 답했다고 한다(『1919』에서 재인용).

　"우리는 전혀 무모한 일이라고 생각하지 않는다. 그저 좋은 때가 왔기에, 그에 맞는 적절한 시도를 한 것뿐이다. 처음부터 성공을 기대하고 벌인 일도 아니다. 이번에 우리가 좌절하면 그 뒤를 이어서 또 다른 사람들이 나올 것이고, 100명을 죽이면 또 다른 100명이 나올 것이다. 당신들이 아무리 막으려 해도 한번 터진 물길은 계속해서 흘러넘칠 것이다."

나라를 되찾고자 한 사람들은 제1차 세계대전(1914~1918) 후에 주창된 민족자결주의에 고무되었지만, 쉽사리 독립을 이룰 것이라는 순진한 생각에 행동한 것은 아니었다. 다만 시기를 놓치지 않고 무언가 독립의 씨앗을 뿌려야 한다고 생각했던 것이다.

3·1만세시위의 가장 큰 의의는 무엇보다 우리 스스로의 의지를 확인한 것이다. 이를 바탕으로 하여 대한민국을 건립하고 임시정부를 수립할 수 있었다. 1948년의 제헌헌법 전문의 "기미삼일운동으로 대한민국을 건립하여"란 표현이 이를 확인해준다.

1919년에 꾸었던 꿈은 이후 독립정신과 헌법정신의 근간을 이루어 작동해왔다. 그 꿈은 '독립선언서' 이외에 '대한민국 임시헌장'을 통해서 확인할 수 있다. 그해 4월 10일 상하이에서 임시의정원을 열어, 4월 11일 새벽에 '대한민국' 국호를 결정하고 '대한민국 임시헌장' 10개 조항을 선포했다. 제1조 "대한민국은 민주공화제로 함"은 지금의 헌법 제1조 1항 "대한민국은 민주공화국이다"는 규정으로 이어져 왔다.

그리고 제2조는 "대한민국은 임시정부가 임시의정원의 결의에 의해 이를 통치함"이고, 제10조는 "임시정부는 국토 회복 후 만 1년 내에 국회를 소집함"이다. 10여 년 전 의회설립 좌절을 딛고 섰다. 또한 제3조는 "대한민국의 인민은 남녀, 귀천 및 빈부의 계급이 없고 일체 평등임"으로, 신분제적 질서를 부정하고 있다. 그 밖에 자유권, 참정권 그리고 교육·납세·병역 의무 등을 정하고 있다.

3·1운동이냐 3·1혁명이냐. 어떻게 부르든 그 혁명적 성격을 부인할 수는 없다. 시대가 혁명의 시대였고, 생각이 혁명적이었다. 19세기 '시대 3부작'을 쓴 에릭 홉스봄(Eric Hobsbawm)은 제1차 세계대전이 일어난 1914년까지의 약 15년 동안이 서구 나라들엔 '아름다운 시대'였지만, 지구의 더 넓은 다른 지역에선 '혁명의 시대'였다고 파악했다. 오래된 제국이었던 중국, 페르시아, 오스만 제국이 몰락했기 때문이다.

제1차 세계대전을 거치면서 유럽 내에서 큰 변화가 일어났다. 러시아와 합스부르크 왕가가 무너졌다. 1917년 러시아혁명이 일어나고, 1918년에는 바이마르 공화국이 수립되었다. 바야흐로 제정의 시대에서 공화정의 시대로 바뀌고 있었다. 이를 대한민국의 선구자들은 주목했다.

불과 10년 전에는 왕국의 백성이요 제국의 신민이었던 사람들이, 이제는 입헌군주제나 귀족공화제를 말하지 않고, 민주공화제를 말했다. 왕국이나 제국을 말하지 않고, 민국을 말했다.

독립선언서에서, 서구 제국주의를 모방하여 변신에 성공한 일본의 행태를 구시대의 유물인 침략주의와 강권주의라 규정했다. 조선독립은 조선인만 위한 것이 아니었다. 일본으로 하여금 잘못된 길에서 벗어나도록 하는 것이요, 동양평화를 이루어 세계평화와 인류행복으로 나아가기 위한 것이었다. 게다가 3·1운동은 평화시위를 원칙으로 하여, 그 방식 또한 혁명적이었다.

1919년을 기점으로 우리는 그전과 다른 꿈을 꾸었다. 민주공화국의 꿈, 자주독립의 꿈, 인류 평등과 평화의 꿈 등. 100년의 세월 동안 많은 성취도 있었지만, 아직 미흡한 면도 없지 않다. 함께 이루어왔고 함께 이루어야 할 꿈, 그 꿈을 다시 상기해본다.

(다산포럼 2019-04-16)

• • •

3·1운동은 독립정신과 헌법정신의 근간을 이뤘다. 시대, 생각, 방식이 모두 혁명적이었다. 많은 사람의 분발과 희생이 있었다. 참으로 소중한 역사다.

3부

정치의 뜻

소통의 리더십

　정치인 노무현은 말을 잘했다. 변호사 출신답게 논리적이었고, 그의 직설화법은 진솔하다는 인상을 주었다. 말은 그가 정치인으로서 인기를 얻은 중요한 요인이었다. 그러나 정작 대통령 재임기간 중에는 말로써 얻은 것보다 잃은 것이 많았다. 소통에 실패했다는 평가도 있다. 말은 쉽지 않다.

　대통령 후보 이명박은 말하는 것이 위태로웠다. 그 와중에도 "말 잘하는 사람보다 일 잘하는 사람이 필요하다"라고 말한 것은 현명했다. 우리는 말만 잘하고 실속 없는 사람에게 실망한 경험들이 있어서 잘 알기 때문이다. 말 잘하는 사람을 싸잡아서 말만 잘하는 사람이란 인상을 주게 하고, 스스로에 대해서는 말은 접어두고 일 잘하는 사람으로 부각했다. 이명박 후보의 발언은 일석이조의 효과를 얻었다.

　세종이 전공(戰功)을 세운 최윤덕(崔潤德, 1376~1445)을 정승으로 기용하고자 하면서 고심했다. "정승(相)은 그 임무가 지극히 무겁다. 따라서 전공으로 그 벼슬을 줄 수 없다."(『세종실록』 세종 15년 5월 16일) 공로가 있다 하여 바로 정승 자격을 갖추었다고 할 수 없다. 공로가 있으면 포상을 하면 그만이다. 정승이란 자리는 오직 그 일을 해내는 능력이 있는 자에게 맡겨야 한다는 것이 세종의 생각이었다.

세종은 일찍이 최윤덕의 능력을 인정했다. 다만 걸리는 것이 소통 능력이었다. "최윤덕은 정승이 될 만한 인물이다. 다만 말이 절실하지 못한 것이 많다."(『세종실록』 세종 14년 6월 9일) 세종은 최윤덕이 무관 출신이어서 말을 못하여 소통에 문제가 있을 것을 걱정했다. 정치란 '일' 뿐만이 아니라 '말'도 잘해야 한다는 것이 세종의 생각이었다.

소통은 정치의 중요한 영역이다. 정치란 적군도 아군도 모르게 해 치우는 군사작전이 아니다. 아무리 좋은 일이라도 설득과 대화를 통해 마음을 얻지 못한다면 좋은 정치라 할 수 없고 결국 좋은 결과도 얻을 수 없다.

요즘 우리가 당면한 문제를 살펴보면, 대부분 절대선이나 절대악의 택일 문제가 아니다. 종교적 또는 도덕적 소신으로 밀어붙일 일이 아니다. 주로 공동선(共同善)의 문제일 것이다. 공동선을 위해서는 공동체 구성원의 합의를 얻어내는 노력이 중요하다. 반대의 소리에는 '반대를 위한 반대'도 있을 수 있다. 그렇다고 이를 묵살해버린다면 국민의 마음을 얻을 수 없고 국민통합도 요원해진다. 국민통합은 반대가 있느냐 없느냐에 달린 것이 아니라 대화와 설득이 있느냐 없느냐에 달렸다.

민주주의 사회에서 소통의 문제는 특별한 사람에게만 해당하는 것은 아니다. 우리는 일상에서 소통의 어려움을 겪는다. 소통의 가능성을 획기적으로 높인 인터넷 세계에서조차 말은 일방적이고 억지여서 소통과 거리가 먼 상황을 본다. 소통을 위해선 겸허한 자세와 각별한 노력이 필요하다. 소통에서 필요한 것은 달변이 아니라 경청이라는 점도 명심할 일이다. 세종이 자주 한 말이 "함께 의논하자[同議]"가 아니었던가.

책 한 권이 배달되어 왔다. 박현모 교수가 쓴 『세종처럼』이었다. 위에서 말한 최윤덕 이야기는 이 책에서 한 대목 옮긴 것이다. 부제가 '소통과 헌신의 리더십'이다. 우리 사회에 절실한 것이다. 마침 새 정부가 출범하고 총선 앞둔 정가에서는 저마다 '섬기는 정치'를 강조한다. 반가운 일이다. 더하여 '소통의 리더십'도 발휘하길 바란다. "세종처럼 합시다!"

(다산포럼 플러스 2008-03-06)

• • •

정치에서 '말'과 소통은 대단히 중요하다. 소통을 위한 여러 기술적 조건은 향상됐지만, 여전히 소통은 어렵다. 정치는 도덕적 결단이나 비밀스러운 결정을 내리는 것보다 상대를 설득하고 국민의 마음을 얻는 과정이 더 중요하다.

공로가 있으면 포상을 할 뿐, 자리는 능력 있는 사람에게 주어야 한다는 것은 옛글에 나오는 말인데, 크게 공감이 가는 말이다.

성공의 덫

2004년, 노무현 대통령의 높던 지지율이 빠지고 여기저기서 불만스러운 목소리가 터져 나올 무렵이었다. 노무현 대선 캠프에서 활약했지만, 당시에는 쉬고 있던 한 측근인사를 만났다. 기대와 달리 왜 이럴까요? 그는 조심스레 대답했다. '성공의 덫'이라 생각합니다.

즉, 자신의 성공경험에 따라 종전 방식을 고집하게 되고, 성공을 낳았던 장점 요인들이 이제는 단점으로 작용하고 있다는 것이다. 어찌 보면 노무현 대통령은 대통령 당선에 이르기까지 견지했던 신념과 처신을 일관성 있게 유지하고 있건만, 상황이 바뀌고 그에 환호했던 국민이 이제 등을 돌린 것이다. 그 후에도 그 인사는 노무현 대통령에 대해 변호한 경우가 많았는데, 대개는 내력 있는 노무현의 확고한 철학으로 설명되었다.

이제 또 한 분의 성공한 사람을 대통령으로 모셨다. 정치인 노무현이 원칙과 소신을 지켜 대통령 후보 자리를 거머쥐고 대통령에 오르는 정치적 성공을 거두었다면, 기업인 이명박은 고도성장의 산업현장에서 땀을 흘려 성공신화를 일궈냈다. 특히 경제분야에서의 성공은 경제적 성공을 갈망하는 국민으로부터 높은 기대를 얻었다.

한번 성공한 사람은 그 성공한 방식을 다른 일에서도 자연스럽게 적용한다. 그리고 또 성공할 가능성이 크다. 왜 그런가? 우선 일에 대한 노하우와 자신감이 또 다른 일을 성공시키는 데 중요한 밑천이 된다. 또 성공이 그 사람의 기질적 요인(성격)에서 비롯되었고, 그 성격이 또 다른 성공을 위해서도 유용한 요소일 가능성이 크다. 성공을 좇는 우리들은 성공에 환호하고 성공한 사람과 자신을 일체화하고 성공한 사람의 뭔가를 배우려 한다.

그러나 승승장구의 성공이야기에는 반드시 장애물이 있다. 하나는 자신이 변한다는 점과 다른 하나는 상황이 변한다는 점이다.

자신은 성공한 방식을 그대로 되풀이한다고 생각하지만 이미 자신이 달라진 까닭에 실제로는 성공한 때와 똑같이 하지 못할 수 있다. 유명한 프로골퍼 잭 니클라우스는 오랫동안 활약하면서 좋은 성적과 명성을 유지했다. 그 비법은 무엇이었을까? 그는 자신의 스윙 폼을 조금씩 바꿔왔다고 한다. 왜냐면 나이를 먹음에 따라 자신의 신체조건이 달라졌기에 종래의 스윙으로는 과거와 같은 좋은 샷을 낼 수 없기 때문이라는 것이다. 오랫동안 국보급 투수로 활약했던 선동렬 감독도 유사한 말을 했다. 자신의 신체 변화를 반영해서 적극적으로 대처해야만 성공적인 선수생활을 오래할 수 있는 것이다.

무릇 성공에는 어느 정도 행운이 따른다. 상황이 잘 맞아떨어졌기 때문이다. 그런데 상황은 가변적이다. 비유컨대 행운을 가져다주는 운명의 여신은 변덕스럽다. 마키아벨리는 『군주론』에서 이렇게 말했다. 행동 방식이 시대와 상황에 적합할 때 성공하고, 그렇지 않을 때 실패한다. 시대와 상황에 맞게 자신의 성격을 변화시킬 수만 있다면 그는 언제나 성공할 것이다. 그러나 변화하는 상황에 융통성을 충분히 발휘할 만큼 완벽한 사람은 없다. 우리의 타고난 성향을 거역할 수 없기 때문이기도 하지만, 어떤 특정한 방식으로 성공해왔기에 그 방식을 좀처럼 포기할 리 없기 때문이다.

사람들은 성공한 사람이 다른 분야에서도 성공하리라 기대하고 모든 상황에 통하는 성공비법을 기대한다. 그 기대는 애당초 보장되기 어려운 것이다. 가령 기업경영과 국가경영은 똑같을 수 없고, 1970, 1980년대와 2000년대는 정치경제적 상황이 분명히 다르다. 부지런한 것은 공직자에게도 일반적 미덕이지만, 일 하나 줄이는 것이 일 하나 늘리는 것보다 현명할 수 있다. 기업인에겐 열 가지 시도에서 하나만 성공해도 성공이지만, 정치가에겐 하나만 실패해도 실패일 수 있다. 아예 목표와 성공의 의미가 다를 수 있다.

성공한 사람이 자신의 성공한 방식을 바꾸기란 결코 쉽지 않다. 그래도 자신의 변화와 상황의 차이를 통찰해낸다면 자신의 성공경험이 유효하게 작동할 수 있다. 성공한 사람이 무엇보다 피해야 할 성공의 덫은 자신의 과거 성공경험을 절대화하는 독선과 아집이다.

(다산포럼 2008-03-25)

＊＊＊

성공엔 자신의 노력과 행운이 필요하다. 필자는 갈수록 행운의 비율이 크게 느껴진다. 행운을 가져다주는 운명의 여신은 변덕스럽다는 말이 흥미롭다. 성공경험을 절대화하고 독선과 아집에 빠진다면, 그것은 독이 될 수 있다.

보수와 진보, 그 헛된 이름이여

'이름은 실체의 손님'이란 말이 있다. 이름은 주인인 실체를 가리키면 그만이다. 그러나 이름과 실체는 늘 괴리될 위험이 있고, 심지어 주객이 뒤바뀔 수도 있다. 손님인 이름이 실체와 상관없이 주인 행세를 하는 것이다. 실체를 제대로 인식하게 도와주어야 할 이름이 인식을 오히려 혼란스럽게 할 수도 있다. 실체 자체가 분명치 않은 경우에 더욱 그렇다. 그런 예는 허다하다. '보수'와 '진보'라는 이름도 그 예다.

보수란 전통·역사·경험을 중시하며, 현상유지를 옹호한다. 진보란 역사는 전진한다는 근대서구의 믿음을 반영하여 변화를 지향하며, 인권·형평·사회적 약자보호를 강조한다. 사람들은 대개 보수적 성향과 진보적 성향을 모두 갖고 있다. 다만 특정 상황에서 한 성향이 상대적으로 두드러질 뿐이다. 그런데 보수나 진보가 성향이 아닌 하나의 정치적 주의나 강령의 이름으로 사용될 때 의문이 있다.

언론에선 노무현 정부를 진보정권, 이명박 정부를 보수정권이라

한다. 과연 그런가? 좌와 우로 나누어 반대세력을 무조건 적대시하던 냉전시대를 생각하면, 보수 대 진보의 정치상황이란 상당한 발전이다. 그러나 독재-민주의 격렬한 대결, 수구-개혁의 수월치 않은 대결 상황을 경험하긴 했어도, 제대로 된 보수 대 진보의 정치상황을 경험한 것 같진 않다. 그저 북한이나 미국에 대한 태도로 좌파와 우파를 나누고 바로 진보와 보수로 등치시킴을 본다. 우리의 보수-진보의 규정이 너무 편의적이고 자의적이다.

'참보수'니 '진정한 진보'니 하는 이름은 제대로 된 보수나 진보의 실체가 묘연함을 증명한다. 요즘엔 '신보수', '원조 보수', '새로운 진보', '유연한 진보', '실용 진보' 등 별별 아류와 조어가 튀어나온다. 이름이 난무할수록 실체는 더 모호해진다. 유럽정치에서도 이름과 실체가 엇갈리는 괴리현상이 보인다.

사정이 이럴진대 중도란 이름도 허망하다. 기회주의적 정치인이 양다리를 걸쳐 이도저도 아닌 중도를 표방하기도 하지만, 중도의 본래 취지가 극단을 지양하고 균형을 추구하자는 것임은 충분히 이해된다. 그러나 보수와 진보의 실체가 모호하니, 중도 또한 모호하기 짝이 없는 이름이 될 것이다. '제3의 길'도 마찬가지이다.

특히 문제 되는 것은 보수-진보의 틀로 국민을 재단하는 것이다. 국민이 보수화되었다고 한다. 그러면서도 여전히 진보적 가치를 지지하고 있다고도 한다. 누구든 인류 보편적 가치에 공감하면서도 눈앞의 현실적 이익을 추수하는 경향이 있다. 변화를 꿈꾸면서도 익숙한 것에 편안함을 느끼고 자신이 딛고 서 있는 현실의 공고함에 의존하는 것이 인지상정이다. 하필 보수와 진보로 구분하는가.

혓된 이름은 인식을 방해하는 데 그치지 않고 실천을 왜곡한다. 보수-진보의 거친 이분법은 생산적 논의를 어렵게 한다. 성장과 분배를 택일적 이분법으로 접근할 때 그 해답은 편협하고 궁색해질 수밖에 없는 것과 마찬가지다.

이미 지킬 것이 제법 많아진 우리 사회에서 기득권 자체가 문제가 아니라 그 정당성이 문제다. 아직도 많은 변화가 필요한 우리 사회에서 변화 자체가 문제가 아니라 그 방향과 섬세한 조정이 문제다. 중도라는 입장표명이 문제가 아니라 서로 충돌하는 가치와 이익을 실제에서 어떻게 균형 있게 조화시키느냐가 문제이다.

보수냐 진보냐 헛된 이름을 묻지 말자. 우리 공동체가 지켜야 할 전통이나 가치가 무엇인가, 앞으로 나아갈 변화의 방향과 구체적 방법이 무엇인가, 상충하는 가치와 이익을 균형 있게 조화시킬 합리적인 방법이 무엇인가를 묻자.

최근 두 선거를 거치고 나서 진보를 자임하는 분들이 스스로 성찰을 촉구하고 분발을 다짐하는 글들을 접하게 된다. 진보주의자로서 또는 보수주의자로서 그 가치와 원칙에 충실하고자 하는 것은 이름을 바로잡는 일이다. 의미 있는 일이다. 하지만 나는 경계하련다. 이름을 경솔히 사용하여 일종의 상표사기와 혹세무민에 일조하는 것을. 실체와 무관한 이름이 세상을 어지럽히는 것을.

(다산포럼 2008-04-24)

· · ·

오래전 쓴 글이지만 지금도 같은 생각이다. 보수와 진보의 이분법이 너무 자의적이고 비생산적이다. 당초 부실한 내용이나 진영을 분식하는 데 이용되는 면이 크다. 그런 구분보다는 지켜야 할 가치, 나아갈 방향, 조화의 방법 등의 내용을 묻는 것이 생산적이지 않을까. 다만 대중들의 언어 현실을 무시할 수 없는 것도 현실이라는 문제가 있다.

리더는 백마 타고 오지 않는다

'제1회 한국형리더십 컨퍼런스'라는 이름의 행사가 열렸다. 포스코의 후원으로 한국학중앙연구원의 세종국가경영연구소와 한국형리더십연구회에서 준비한 행사였다. '한국형리더십'이란 말이 듣기에 따라 생소하다. 리더십 이론이 주로 미국학자에 의존하고 있는데, 우리의 풍부한 역사를 돌아볼 때 그만한 리더십 내용이 없겠는가. 우리 역사 속에서 그것을 찾아보자 하는 것이 이 행사의 취지겠다.

내용은 주로 세종대왕에 관한 것이었지만, 황희나 변계량 등 세종 시대 명재상들의 리더십에 관한 연구가 추가되었다. 세종 시대, 그 많은 업적을 어찌 세종 혼자서 다 했겠느냐 하는 자연스러운 문제의식에서 출발한 것이다. 연구 결과 재상들과 관련해 알려진 통설 중에는 부풀려진 것도 있었고, 진실 여부가 의심스러운 것도 있었지만, 재상들은 장점 이외에도 나름의 한계나 결함을 갖고 있었다. 결국 그들의 장점을 잘 살린 세종의 리더십으로 귀결되는 느낌조차 들었다.

또 세종 시대의 재상들은 대부분 선왕인 태종의 신하들이었다. 세종은 집현전으로 상징되듯 인재 양성에도 힘썼지만, 전 시대의 인물들을 버리지 않고 오히려 그들의 경험을 잘 활용했다. 노자가 말하길, 좋은 리더는 사람을 잘 구원해서 쓰기 때문에 버릴 사람이 없다고 했다. 태종 맨들을 활용하면서도 태종 때의 권력정치와는 다른 정치를 펼쳐 우리 역사에 빛나는 세종 시대를 남겼다.

시야를 좀 더 넓혀보면, 이런 세종을 후계자로 정한 태종의 선택이 탁월했다고 하지 않을 수 없었다. 이미 세자로 정한 장남을 버리고 삼남을 후계자로 정한 것은 결코 쉬운 일이 아니었기 때문이다. 자신과 일면 비슷한 장남 대신 세종을 택함으로써 새로운 시대적 과제에 부응하고, 결과적으로는 자신의 문제성 있는 정치도 세종 시대의 초석이 되게 하는 데서 의의를 평가받게 했다.

역시 리더나 인재란 혼자 탄생하지 않는다. 홀연히 백마 타고 등장하지 않는다. 평지돌출은 없다. 이번 행사를 통해 새삼 확인한 것이다.

박찬호 선수가 요즘은 다소 부진하지만, 메이저리그에 처음 진출한 LA다저스에서의 활약은 1997년 외환위기로 침체해 있던 우리에게 큰 격려가 되었다. 그때 박찬호가 메이저리그의 선발투수로까지 서게 되는 과정, 즉 미국 메이저리그 야구가 한 사람의 투수를 키워내고 운용하는 것이 대단히 인상적이었다.

승부와 관계없는 상황에서의 중간 계투나 마무리 투입, 게임 후반 점수차이에 따른 적절한 교체투입, 제5선발 경쟁 등 다양한 상황에 따라 각 투수에게 단계적인 기회를 주는 것이다. 아직 경험이 부족한 투수에게 적절한 기회를 줌으로써 약간씩 높은 도전과 성공경험을 쌓게 해 선수의 잠재력을 극대화하는 것이다. 그런가 하면 선발투수도 투구 수에 따라 적절히 교체해주었다. 근시안적으로 혹사하지 않는 것이다. 장기간 슬럼프에 빠지면 2군에 내려보내 충전과 재도전의 기회를 주기도 한다. 스포츠 사례지만 가히 용인(用人) 이상의 활인(活人)의 수준을 보여주었다.

우리 사회의 인재 활용은 어느 수준인가? 인재는 키우지 않고 인재가 없음을 탓하지는 않는가? 나름의 장점이나 잠재력은 보지 않고 포장되고 완성된 인재만 찾으면서 인재가 없다며 교육기관을 탓하지는 않는가? 마치 잘 던지는 투수를 무너질 때까지 던지게 하는 식으로 좀 잘한다 싶으면 그 한계를 드러낼 때까지 소모하고 버리지는 않는가?

정치분야는 어떤가? 다양한 분야의 인재가 필요한 분야이긴 하지만, 마치 농구 스타나 핸드볼 스타를 야구로 끌어와 투수를 맡기는 식으로 어쩌다 한 분야에서 뜬다 싶으면 바로 정치권에 끌어와 이용하고 버리지는 않는가? 개구리들이 개구리 아닌 왕을 기다리듯 정치리더가 하늘에서 떨어지는 요행을 바라지는 않는가? 언론과 대중들의 요행심리에 의해 좀 뜬다 싶은 정치인이 있으면 불문곡직하고 줄서기를 시도하지는 않는가?

리더나 인재가 하늘에서 떨어지거나 땅에서 솟아나지 않는다. 우리가 만들고 키우는 것이다. 인재를 키우려면 그 사람에게 적당한 기회를 주어야 한다. 적절한 기회를 통해 스스로 잠재력을 키우게 하는 것이다. 사람의 잠재력은 과도하지 않은 도전과 성공적 응전을 통해 차츰 성장한다.

리더나 인재의 양성을 누구에게 미룰 것인가? 내 주변 사람부터 장단점과 잠재력을 잘 파악하여, 적절한 기회를 갖도록 격려하고 추천하는 것이 필요하다. 만약 당신이 주위에 여러 멋있는 영웅이나 좋은 리더가 탄생하도록 큰 기여를 했다면, 바로 당신이야말로 영웅이요, 좋은 리더다.

(다산포럼 2008-05-29)

• • •

세종의 치세는 세종의 리더십이 있었기에 가능했고, 그에 앞서 세종을 후계자로 정한 태종의 선택이 탁월했기에 가능했다. 인재가 있어도 외면하는 경우라면 할 말이 없지만, 진정 인재를 구하기란 쉽지 않다. 인재를 알아보고 키우기 위해서는 우선 적당한 기회를 주는 것이 중요하다고 생각한다.

다산의 '아래로부터의 정치'

그 시대에 어떻게 그런 생각을 할 수 있었을까? 다산의 『탕론』을 읽으며 드는 느낌이다. 다산은 '위로부터의 정치'의 시대에 살면서도 '아래로부터의 정치'를 생각했다. 마을 사람들이 추대하여 마을의 대표를 뽑고, 마을 대표들이 추대하여 고을의 대표를 뽑고, 고을 대표들이 추대하여 나라의 대표를 뽑는 식이다. 그래서 대표가 구실을 못하면 아랫사람들이 의논하여 대표를 바꿀 수 있다는 것이다.

오늘날의 민주주의는 어떤가. 기관구성권(대표선출권)만을 국민이 보유하고, 정책결정권을 선출된 대표에게 자유위임한다. 즉, 국민은 정기적 선거에 의해 대표를 뽑아 위임하고 다음 선거에서 책임을 묻는다. 구조 면에서 다산의 아래로부터의 정치와 현대 민주주의가 크게 다를 바 없다.

이런 사건도 있었다. 다산이 곡산부사로 임명되어 부임하던 길이었다. 행렬 앞을 가로막는 이가 있었으니, 바로 시위주동자 '이계심'이었다. 그는 부당한 세금에 항의해 시위를 일으켰다 달아나 체포령이 내려진 상태였다. 주위에서 그를 체포하려는 것을 물리치고 다산은 석방하며 말했다.

"관(官)이 밝지 못한 까닭은, 민(民)이 자신을 위한 도모만 잘하고 폐단을 들어 관청에 대들지 않기 때문이다. 너 같은 사람은 관청에서 천금을 주고 사야 할 것이다."('자찬묘지명'에서)

요즘 말로 풀어보면, 시민의 이기적 행태를 개탄하고 공익 대변적 '직접행동'을 권장한 것이다. 성숙한 민주주의 사회에서도 평화적인 직접행동은 대의민주주의를 보완하는 의의가 있다. 하물며 민주주의의 결손현상이 농후한 경우에야.

위임과 책임의 메커니즘이 제대로 작동하지 않은 상황에서 발생하는 시민의 직접행동에 대해서 제도권에 맡기라고만 설득하기에는 곤란한 점이 있다. 제도는 공동체에 필요한 질서를 법적으로 보장하여 안정성과 규범력을 확보하는 것이다. 제도는 많은 사람이 다녀서 생겼거나 많이 다니도록 잘 만든 길과 같다. 사정이 바뀌면 길도 바뀐다. 제도가 본래의 취지에 충실하지 못한다면, 제도의 변화나 대체적 제도에 눈을 돌릴 수밖에 없다. 가령 정당이 정치결사체로서 국민의 정치적 의사를 결집하고 정치활동을 조직화하는 구실을 제대로 해내지 못한다면 새로운 형태의 정치결사체를 모색해볼 수 있는 것이다.

정치는 말의 세계이다. 말의 세계는 정보기술혁명에 따라 엄청난 변화를 겪고 있다. 어느 경제학파의 '조직비용', '거래비용', '관계적 계약'이라는 아이디어에 비춰 본다면, 정치시스템의 비용구조가 획기적으로 달라졌고, 이에 따라 정치권도 변화가 불가피하다. 이를테면, 인터넷 공간에서 조직비용이 현저히 낮은 조그만 정치커뮤니티들이 독립적으로 존재하면서 수평적으로 소통과 연대를 도모하고 정치적 사안에 따라 결합하고 신뢰의 축적에 따라 지속적 관계를 만들어내는 것이다.

인터넷 공간에서 구현되는 말의 세계는 필연적으로 새로운 정치를 열 수밖에 없다. 꼭 정치모임만은 아닌 다양한 커뮤니티가 사방팔방으로 연결되어 공적 문제에 관한 의견과 해결책을 말할 것이다. 이 가운데 자칭 정치전문가보다 문제해결능력이 더 나은 아마추어 정치인도 양산될 것이고, 공공성을 갖춘 리더십과 네트워크가 등장하여 신뢰를 얻을 것이다. 이 네트워크는 리더십과 운영방식이 종전과 다르고, 의제설정과 정책생산 면에서 기존 정당보다 우월할 것이다. 변화를 따라잡지 못하는 기존 정당은 주류언론과 비슷한 운명에 처할 것이다.

인터넷 공간에도 그늘은 있기 마련이다. 선정주의와 언어폭력과 조작에다, 새로운 차별과 말의 홍수 현상도 있다. 더 심각한 문제는 정치권력을 독점하고자 하는 세력은 말을 독점하려 한다는 점이다. 결국 자기 눈과 귀를 가릴 뿐인데 언론통제를 시도한다.

이런 문제점에도 불구하고, 오늘날 IT혁명에 의한 말의 세계는 평범한 개인들의 소통가능성을 높이는 쪽으로 발전할 것이며, 그런 만큼 민주주의 발전에 기여할 것이다. 새로운 정치시스템에서도 중요한 것은 아래로부터의 동의와 협력이다. 대중의 동의와 협력은 공적인 문제의 해결능력과 신뢰구축이 관건일 것이다.

존재가 의식을 규정한다 했거늘, 다산은 '위로부터의 정치' 세계에
살면서 과거 탕왕의 얘기를 빌려 미래의 '아래로부터의 정치'를 말했
다. 당시 사람들에게 이해를 기대하기 힘들었을 것이다. 그래서 다산
은 장자의 말을 인용하여 논설의 끝을 맺었다. "여름 한 철만 사는 쓰
르라미는 봄과 가을을 알지 못한다."

　(다산포럼 2008-07-08)

· · ·

　이글은 다산연구소의 '대학생 실학캠프 2008'을 함께 출발하는 날
을 앞두고 쓴 글이다. 다산의 정치사상을 되돌아보면서, 기술 발전이
정치 변화에 이제껏 어떤 영향을 미쳤고, 앞으로는 어떤 영향을 미칠
까 다시 한번 생각해보았다.

삼일절 단상(斷想)

3월 1일 10시 무렵, 탑골공원 안팎 여러 곳에서 삼일절 90주년 기념행사가 열렸다. 여의도에서는 미디어법을 둘러싸고 충돌이 있었다지만 종로에서는 평온하게 삼일절을 기념하고 있었다. 탑골공원 밖에서는 삼일절 재현행사가 열렸다. "오등은(우리는) 자(이)에 아 조선의 독립국임과 조선인의 자주민임을 선언하노라. …" 선언서 낭독에 이어서 흰 한복을 입은 학생, 시민들이 종로거리를 행진했다. "대한독립만세! 만세!"

고등학교 3학년 국어 첫 시간에 배운 것이 바로 '기미독립선언서'였다. 최남선이 쓴 선언서는 어려웠다. 국한문 혼용체에다 모르는 단어가 많아 참고서의 도움으로 겨우 그 의미를 알았다. 그래도 얼마간 이해하고 나서 소리 내어 읽노라면 민족자존심과 도의적 우월감에 당당한 느낌이 들었다. 마지막에 한용운이 첨가한 공약 3장의 "최후의 일인까지 최후의 일각까지 민족의 정당한 의사를 쾌히 발표하라"는 부분을 읽을 때는 결연한 느낌이 들었다.

문장이 어렵다는 점도, 최남선이 후일 부역을 했다는 점도 독립선언이나 3·1운동의 큰 의의를 손상하지는 못한다. "대한독립만세"라는 외침 속에 그 뜻은 통했고 온 민족은 하나가 되었다. 독립은 '시대적 대세'였다. 침략주의와 강권주의를 거부하고 자유, 정의, 평화, 그리고 인류의 공생을 주장했다. '위력의 시대'가 가고 '도의의 시대'가 왔음을 선언했다. 3·1운동을 통해서 조선은 왕의 나라도 양반의 나라도 아닌, 바로 백성의 나라가 되었다. '민주공화국'을 선택한 것이다.

3·1운동의 의의를 다시 새기면서, 오늘의 '세계개조의 대기운'은 과연 무엇인가 생각해본다. 경제위기를 타파하는 것이 당면한 시대적 과제라 하겠는데, 나는 그것이 민생 또는 공동체의식의 회복을 통해서 가능하다고 생각한다.

전 세계적으로 양극화가 심화되었다. 무절제한 금융자본의 탐욕이 지구촌 공동체를 연쇄적 경제위기에 빠뜨렸다. 실물경제를 뒷받침해야 할 금융이 실물과 괴리된 거품을 조장했다. 은행이 눈앞의 영업이익을 좇아 불량상품을 팔고 빚쟁이를 양산해 신용위기를 확산시켰다. 생산과 무관한 주택이 실제 효용보다 훨씬 높은 가격으로 평가되면서 경제를 교란했다. 부시정부의 부유층에 대한 감세정책은 미국의 양극화와 재정적자를 심화시켰다. 금융허브를 지향했던 아이슬란드의 경제가 무너졌고, 불과 1년 전만 해도 개방모델로 칭송받던 두바이도 흔들린다. 경제위기의 진화에 나선 미국 오바마 정부는 부유층 증세를 통해 양극화와 재정적자를 완화하고자 나섰다. 규제를 통해 은행의 공공성을 회복하고자 하고 있다.

대한민국 공동체는 세계와 긴밀하게 연계되어 있다. 10여 년 전 재벌의존 성장정책과 준비 없는 금융개방으로 환란을 겪었다. 이후 지난 10년 동안 양극화가 더 심화됐다. 그 사이 신용카드대란도 겪었고 부동산대란도 겪었다. 그런데도 우리 경제는 여전히 실패한 과거와 실패한 나라의 전철을 그대로 답습하고 있다. 안팎의 위기에서 배우기는커녕 더욱 위기적 상황으로 돌진하는 느낌이다.

금융자본과 산업자본의 분리를 허물고, 일반(상업)은행과 투자은행을 통합하려 한다. 얼마 전엔 부동산 부자들에게 세금을 돌려주더니, 최근엔 경제의 어려움을 들어 근로자들의 월급을 줄이려 한다. 생활필수품인 주택을 재산증식의 수단으로 간주하고 있다. 이미 드러난 폐해를 외면하고 시대적 흐름에 역행하는 처사이다.

금융자본과 산업자본은 각각 고유의 원리와 동인이 있다. 통합되면 그것이 파괴되고 안전판을 상실할 것이다. 일반은행이 투자상품에 현혹되어서 은행 부실을 초래한 것도 이미 보았다. 감세조치의 결과는 부시 정부가 보여주었다. 정의로운 사회라면 열심히 일한 만큼 벌 수 있어야 하고, 많이 번 만큼 많은 세금을 내야 한다.

'경제살리기' 구호는 겉돌고, 국민이 부자 되는 시대가 아니라 부자만 국민인 시대가 오는 게 아닌가 걱정이다. '경제살리기'란 민생, 즉 사람을 살리는 것이어야 한다. 서로의 삶을 보듬어 줄 수 있는 경제여야 한다. 양극화가 심화되면 결국 엄청난 사회적 비용증대와 국력약화로 이어질 것이다. 최근 김수환 추기경의 삶과 선종을 돌아보면

서, 약자와 이웃에 대한 배려, 사람을 귀하게 여기는 마음이 우리 공
동체를 살리는 힘이란 것을 실감한다. 참으로 민생이 절실한 때다.

(다산포럼 2009-03-03)

• • •

　기미독립선언서를 보면, 처음 읽었던 젊은 시절의 감동도 떠오른
다. 삼일절 같은 국경일에는 우리 공동체의 어제와 오늘을 돌아보게
된다. 기업가 출신 대통령에게 민생을 바라는 국민적 기대가 컸다. 그
러나 필자는 좀 걱정이 되었던 것 같다. 진정 어떤 민생이 되어야 할
지 생각해보았다.

소통이 문제라면

과연 소통(疏通)이 문제인가? 그렇다면 우리 사회도 제법 나아진 것이다. 과거에 발언 자체만도 대단한 용기가 필요했던 시대가 있었다. 입을 막았던 그 시절에는 오히려 행간에 감춰놓은 메시지만으로도 이심전심(以心傳心)으로 교감이 이뤄졌다. 압제자는 엄연한 사실을 감추고 광범위한 공감을 부정했다. 배후조종자와 일부 몰지각한 자들의 부화뇌동으로 치부했다. 심지어 편 가르기로 공감의 확산을 차단했다. 그런 어두운 시절은 민주화 투쟁으로 역사 속으로 사라졌다. 그렇지 않나?

독재자가 물러나고 발언이 자유로워지고 나니 문제는 달라졌다. 단지 어떤 좋은 뜻만으로 현안 문제가 해결되지 않았다. 발언이 넘치고 다른 주장이 서로 부딪쳤다. 이제 절대선과 절대악이 문제가 아니라 공동선(共同善)이 문제였다. 무엇이 우리 모두를 위한 공동선일까? 서로 다른 입장에 처한 사람들 사이에 이뤄지는 대화나 소통이 중요한 문제가 되었다.

소통은 상대방을 인정하지 않고서는 이뤄질 수 없다. 어찌 '악의 무리'와 대화를 할 수 있단 말인가. 할 필요도 없고 해서도 안 된다. 선을 추구하고 악을 배제하는 것은 선한 사람들이 선택해야 할 당위다. 그러나 규범판단과 사실판단은 다르다. 내가 마땅히 선을 추구한다 해도, 사실의 견지에서 내가 100% 선하다는 것은 허위일 수 있다. 저들이 아무리 악하다 해도, 저들 또한 얼마간 선한 요소가 있을 수 있다. 자신의 사사로운 이익을 추구하면서 그것을 선악이나 공적인 이념의 문제로 포장하는 것은 구분될 다른 문제이다. 여기서 말하고 싶은 것은, 평범한 선한 사람들이 선을 추구하다 자칫 완고해지기 쉽다는 점이다. 극악(?)한 무리와 싸우는 동안 어느새 자신도 극악한 사람이 되고 자폐에 빠질 위험이 있다. 선악의 이분법적 사고에 갇혀서는 결코 소통은 이뤄질 수 없다. 상대방을 인정하는 것이야말로 소통의 전제다.

소통이란 상대방과의 이해와 교감을 의미한다. 간혹 소통의 문제를 홍보의 문제로 오인하는 사람도 있다. 자신의 생각이나 감정을 일방적으로 주입하거나 강요하는 것이 소통일 수 없다. 소통은 서로 마음을 나누는 쌍방향의 것이다. 메시지 자체가 이미 공감을 이룰 만하다면, 소통의 기술이나 요령이 도대체 문제 될 것이 있을까? 그런데도 소통이 어려운 게 현실이다. 서로 좋아서 연애하는 청춘남녀 사이에서조차도 소통은 쉬운 일이 아니다. 여러 원인이 있겠지만, 소통의 기술이나 요령 또한 절실한 문제임이 분명하다.

글쓰기의 대가 연암 박지원은 글쓰기를 군사작전을 전개하는 것에 비유한 바 있다. 글자는 병사요, 글 뜻은 장수로 비유된다. 똑같은 병졸들이, 이끄는 장수가 뛰어나면 승리의 군사가 되고, 이끄는 장수가 무능하면 패배의 군사가 된다. 전쟁의 승패가 장수에 달렸듯, 글의 메시지가 그만큼 결정적으로 중요하다는 취지의 글이었다. 글 짓는 자는 항상 길을 잃지 않을까 요령을 얻지 못할까 걱정인데, 뛰어난 장수는 이에 대해 임기응변의 계책을 가진 사람이라 했다. 메시지가 공감되기를 바라는 만큼 전달 요령에 대해 고민하는 것은 당연하다.

오바마는 2004년 민주당 전당대회에서 '미국인은 모두 하나'라는 17분짜리 기조연설을 하여 단번에 유력한 차기 대통령 후보로 떠올랐다. 특히 그의 연설은 통합의 메시지를 담고 있어 깊고 넓은 공감을 불러일으켰다. 분열과 투쟁을 부추기는 우리의 연설 상황과 대비된다. 연설에 뛰어난 오바마도 정치인 초년병 시절엔 자신의 연설에 대한 청중의 반응이 시원치 않아서 연설 스타일을 바꿔야 했다고 한다. 메시지도 중요하지만 전달 요령도 중요한 것이다.

소통의 기술이나 요령은 문화의 문제다. 사회적으로 오랜 경험이 축적되어 구성원이 공유하는 문화인 것이다. 내가 알기론 유럽이나 미국이 동아시아에 비해 연설문화가 더 발전되어 있다. 서구문화의 근간인 그리스문화에서 연유한다. 그리스의 민주정치는 폴리스의 문제에 관해 직접 다수의 청중에게 호소하는 연설문화를 발전시켰다. 이에 비해, 한자문화권에서는 한자를 아는 지식층들 사이의 공론에서 상소문(上疏文)과 같이 한자로 쓴 글이 위력을 발휘했다. 독재자의 일방적 담화문만이 허용될 뿐, 필화사건이나 '막걸리 보안법위반사건'이 벌어지고, 종국엔 극렬한 저항밖에 택할 수 없는 곳에서 소통의 문화가 발전할 수 없다. 물론 저항하는 사람 사이의 소통의 문화가 발전한 것도 있지만.

소통의 기술이 문화의 문제라는 것은 바로 소통을 위해서 학습과 훈련이 필요하다는 것을 의미한다. 서로 마음이 통하려는 자세를 갖췄는데도 소통이 문제라면, 그 요령을 얻으려 노력해야 한다. 『주역』 「계사전(繫辭傳)」에 "막히면 변하고, 변하면 통하고, 통하면 오래간다 (窮則變 變則通 通則久)"라는 구절이 있다. 안과 밖이 통하지 않고 막힌 상태란 죽음을 뜻한다. 통하려면 변해야 하는데, 그것은 나부터 시작할 일이다.

(다산포럼 2009-07-14)

• • •

언론에서 자꾸 소통을 문제 삼기에 소통에 관해 생각해보았던 글이다. 소통을 위해서는 우선 선악의 이분법적 사고를 벗어나야 하리라. 그리고 좀 더 효과적인 소통을 위해서는 소통의 요령을 학습하고 훈련할 필요가 있다.

사슴을 사슴이라 불러야

"천하라는 것은 텅 빈 큰 그릇이다. 무엇으로 그 그릇을 유지하는가? 바로 이름[名]이다. 무엇으로 이름에 이끌 것인가 바로 욕구[欲]다. 무엇으로 욕구를 기를 것인가? 바로 부끄러움[恥]이다."

연암 박지원이 쓴 「명론(名論)」의 첫 부분이다. 명론에서 '이름[名]'은 '명칭', '명예' 또는 '명분'으로 조금씩 뜻이 다르게 쓰였지만 서로 통한다. 인식론적 관점에서 이름(명칭)은 중요하다. 대개 이름으로 구성된 언어 체계에 따라 사물을 인지하고 생각을 전개하기 때문이다.

"만물(萬物)은 흩어지기 쉬워서 서로 붙어있을 수 없는데, 이름으로써 머물게 한다. 오륜(五倫)은 어그러지기 쉬워서 서로 친할 수 없는데, 이름으로써 묶어둔다. 무릇 이렇게 한 후에야 큰 그릇이 충실하고 완전해져서 기울거나 뒤집히거나 망가질 걱정이 없게 된다."

오륜의 질서가 이름으로써 유지된다는 것은, 공자가 말한 '군주가 군주답고, 신하가 신하답고, 부모가 부모답고, 자식이 자식다운(君君 臣臣 父父 子子)' 사회를 의미한다. 각자 제 이름, 즉 자신의 지위와 신분에 충실한 사회다. 부끄러운 것을 부끄러워할 줄 알고, 이름(명예)에 대한 기본적 욕구가 있기 때문에 사회가 유지된다.

"온 세상의 벼슬과 녹봉으로도 선(善)을 행하는 사람을 모두 포상할 수 없으니, 군자에게는 이름으로써 선행을 권할 수 있다. 온 세상의 형벌로도 악(惡)을 행하는 사람을 모두 징벌할 수 없으니, 소인에게는 이름으로써 악행을 부끄럽게 할 수 있다." "사람이 심히 바라는 게 부귀이지만 도리어 부귀보다 더 바라는 것이 있어 벼슬과 돈을 사양할 수 있다. 사람이 크게 치욕스러운 게 형벌이지만 도리어 형벌보다 더 치욕스러운 것이 있어 가혹한 형벌을 감수할 수 있다. 이른바 이름(명예) 때문이다."

이름(명칭)이 어지러워지면 어떻게 되는가? 연암은 그 심각한 결과로 '지록위마(指鹿爲馬)'의 고사를 예시했다. 진시황이 죽은 뒤 환관 조고가 후계자 부소를 죽게 하고 무능한 호해를 2세 황제로 옹립했다. 황제 권력에 기생해 권세를 휘두른 조고는 호해에게 사슴을 바치면서 말[馬]이라 우겼다. 어리둥절한 호해가 주위 신하에게 물었다. 권력에 굴종한 신하는 말이라 대답했다. 사슴을 사슴이라 말한 신하는 조고에 의해 제거됐다. 사슴이냐 말이냐 진실이 문제가 아니었다. 권력이 이름을 어지럽히면서 달리 생각하는 사람을 억압하기 위한 술책이었을 뿐이다.

"사슴과 말의 형상이 비슷하지만 한번 그 이름이 어지러워지자 천하에 제 군주를 시해하는 자가 나타났다. 오호, 저 사슴과 말의 이름이 천하의 존망(存亡)과 무슨 상관이 있겠는가마는 하루라도 분변이

없어서는 안 되는 것이다. 하물며 선과 악, 영예와 치욕과 같은 구별
은 더 말할 나위가 없다."

　이름이 어지러워진 사례가 어디 진나라뿐인가. 며칠 전 고세훈 교
수의 칼럼('말의 오염, 정치의 타락', 〈다산포럼〉)에서 말의 오염 사례가 열
거되었다. 목록은 얼마든지 추가될 수 있다. 가령 '민영화'란 이름도
수상하다. 공기업을 사기업에 팔아넘기면서 비효율을 이유로 내걸지
만, 공적 기능 포기나 후퇴는 감춘다. 요즘엔 민영화 과정에 검은 거
래의 의혹도 제기된다. 민주, 복지, 보수, 진보 같은 좋은 이름은 점점
알맹이가 빠지고 껍데기만 남는 듯한 느낌이다.

　화제가 되고 있는 미국 CIA 고문보고서를 둘러싸고, 베트남전 참전
베테랑인 존 매케인 상원의원은 고문을 인정했지만, 군 복무를 한 적
이 없는 딕 체니 전 부통령은 그것을 고문이라고 부를 수 없고 애국
적 행위였다고 강변했다고 한다. '고문'과 '애국'의 이름이 어지럽다.
고문보고서 공개야말로 문명적 가치의 수호이자 애국일 것이다.

　공자는 정치의 우선적 과제로 '정명(正名)'을 들었다. 헛된 이름은
인식을 그르치게 하고 그릇된 실천으로 이끈다. '이름을 바로잡는다'
는 것은, 헛된 이름에 현혹되지 않고 실체를 있는 그대로 보는 것이
요, 또한 제대로 된 이름에 충실하다는 것을 의미한다. 그리하여 이
름[名]과 실체[實]가 부합하고[名實相符], 사슴을 사슴이라 부르는 사
회를 만드는 것이 정치의 과제다. 이를 누가 가로막을 것인가.

　(실학산책 2014-12-19)

· · ·

　그해 『교수신문』이 올해의 사자성어로 '지록위마'를 꼽았다. 주위에서 신기해했다. 공감이 있었던 것 같다. 이름의 중요성은 날이 갈수록 실감하는 바다. 정명(正名)과 명실상부는 인식과 실천의 양쪽에서 다 중요한 문제다.

양김 시대를 넘어 새로운 리더십을

한국 현대정치사의 한 영웅이 세상을 떴다. 김영삼 전 대통령의 일생과 함께 한국 민주화의 역동적 과정이 주마등처럼 떠오른다. 1979년 10월, 꿈쩍도 않을 듯한 유신 독재정권이 갑자기 무너졌다. 그 계기는 야당 총재였던 그에 대한 정권의 탄압과 저항, 그리고 부마항쟁이었다.

얼마 전 노벨 평화상 수상자가 눈길을 끌었다. '국민 대화 4자 기구(National Dialogue Quartet)'라는 튀니지의 민주화단체였다. 2010년 12월 튀니지에서 시작해 아랍에 번졌던 '아랍의 봄'이 튀니지처럼 성공적으로만 진행되진 않았다. 다시 군부독재가 되풀이되거나 내전 상태에 빠져든 나라도 있다. 민주화 역정을 겪은 경험에, 두 가지를 생각해본다. 첫째, 대중 시위만으로는 민주화 성취에 한계가 있다. 둘째, 투쟁과 전복 다음에는 통합과 건설의 리더십이 필요하다.

역사적으로 보면, 일반 대중과 지식인은 엇갈리곤 한다. 선구자적 희생이 계속되어도 민초들은 생업에 여념이 없는 듯하다. 그러던 어느 날 갑자기 일반 대중이 행동에 돌입하면, 훈계하거나 맹신하던 지식인들은 그 상황을 따라잡지 못하고 허둥댄다. 둑을 무너뜨린 물처럼 물길의 향방은 알 수 없다. 온갖 야심가와 권력 추종자들, 군부와 외세가 기회를 노린다. 기존 권력을 붕괴시킬 수는 있어도, 새 권력을 건설하는 것은 또 다른 과제다.

돌아보면, 김영삼·김대중 양김의 분열에 실망하기도 했지만, 그것은 양김이 민주화운동의 구심이 되었기에 일어난 문제였다. 그만큼 역할과 공헌을 했다는 의미다. 양김은 곡절 끝에 차례로 대통령이 되어 큰일을 했다. 공직자 재산공개, 금융실명제, 하나회 척결, '5·18민주화운동 등에 관한 특별법' 제정 등의 전격적인 개혁조치는 김영삼 전 대통령이었기에 가능했다는 평가가 있다. 그러나 외환위기로 큰 실망을 주었다. 다른 한 분은 외환위기를 잘 극복했다고 평가되었지만, 후일 논쟁의 여지를 남겼다. 이러저러한 양김의 한계가 바로 새로운 정치 리더십이 요구되는 지점이다.

김영삼 전 대통령이 남긴 마지막 메시지가 '통합'과 '화합'이었다고 전한다. 예사롭지 않게 들린다. 통합과 건설의 리더십에서 중요한 것은 이념투쟁을 일삼는 분열의 정치를 극복하는 것이다. 그것은 의제 설정에서 시작된다.

역사를 돌이켜 보면, 위정자들은 권력과 이익을 추구하면서 곧잘 이념으로 포장한다. 이념은 옳고 그름을 단순화시키고, 진영논리로 환원시키는 경향이 있다. 자기 진영만이 옳다는 독선이 현실을 제대로 직시하지 못하게 한다. 또한 이념은 무능·부패를 감추고, 책임을 회피하는 수단이 되기도 한다.

통합과 건설의 리더십은 옳은 것만으로는 충분하지 않다. 뜻만으로 안 되고, 밝아야 한다. 동기가 좋아도 결과는 얼마든지 나쁠 수 있다. 정치지도자는 옳은 게 전부가 아니다. 결과에 대해 책임져야 한다. 양김 시대가 세월에 밀려갔다. 이 시대를 이끌 새로운 리더십은 구축되어 있는가.

(다산포럼 2015-11-24)

· · ·

양김에 대한 실망도 적지 않았지만 그만한 리더를 얻기도 쉽지 않다. 아랍의 봄이 대중 시위만으론 한계가 있는 것을 보면서, 새삼 리더와 리더십의 중요성을 생각했다. 양김 시대를 넘어 통합과 건설의 리더십이 필요한데, 그것은 옳은 것만으론 부족하고 또 다른 자질과 역량을 요구한다.

갈등의 정치학

"해방공간에서 이념이 혈연을 이기지 못했고, 혈연이 돈을 이기지 못했다." 어느 학회에서 원로 교수 한 분이 이렇게 평가했다. 이념 대립이 극심했던 시기로 알고 있었는데 뜻밖이었다. 더 이상 설명이 없었지만, 곰곰이 생각해보니 수긍되는 바가 있었다. 한 집안에 좌우 인사가 모두 있는 경우, 그 집안은 좌우의 피비린내 나는 살육전에서 살아남았다는 사례를 들은 적이 있다.

세상에는 여러 갈등이 있다. 사회계급·인종·종족·민족·지역·종교 등은 주요한 갈등 요인이다. 사람 사는 곳에 갈등은 불가피하다. 기본적 욕구가 충족되면 더 높은 차원의 욕구가 생긴다. 생존이 해결되면 부 또는 명예에 대한 욕구가 생긴다. 또한 인간 공동체에는 권력의 문제가 있고, 권력은 억압의 문제를 발생시킨다. 인간에게 욕구가 있고 인간 세상에 권력현상이 있는 한, 갈등이란 없을 수 없다.

사회적 갈등은 사람들을 분할한다. 분할된 사람들은 각각의 진영을 이루어 대립하고 내부적으로 결속을 이룬다. 갈등의 내용에 따라 사회를 통합하기도 하고, 분열시키기도 한다. 진정한 통합을 위해서는 갈등을 잘 관리해야 한다. 정치란 이런 갈등을 다루는 기술이다.

여러 갈등에서 정치학적으로 대표적인 유형이 이념갈등과 이익갈등이다. 두 갈등 가운데 어느 갈등이 더 다루기 쉬울까. 대표적인 갈등 연구자인 루이스 코저(Lewis Alfred Coser)는 이념갈등이 훨씬 과격하고 냉혹한 경향이 있다고 보았다. 갈등의 참가자들이 자기 개인의 이익을 위해서가 아니라 집단의 이상을 위해 싸운다는 생각에 비타협적이 되기 때문이다. 『당의통략(黨議通略)』을 썼던 이건창(李建昌, 1852~1898)이 조선의 당쟁이 극심했던 원인을 명분과 대의를 중요시했던 풍토에서 찾았는데, 비슷한 맥락이라 할 수 있다.

이념은 당초 양보할 성질의 것이 아니다. 이에 비해 이익은 조정을 통해 타협할 수 있다. 처음부터 이익갈등인 것이 이념갈등으로 분식(粉飾)된 경우가 있다. 이때는 타협될 일도 이념갈등이 덧씌워져 타협 불가의 속성이 작동하기도 한다.

이런 경우도 있다. 형제 또는 친구 사이에 불화가 발생했을 때 그게 돈 문제인지 우애 문제인지 헷갈리게 된다. 형제간에, 친구간에 어찌 그럴 수 있냐고 하는데, 기실은 돈 문제다. 차라리 모르는 사람과의 이익관계라면 간명할 수 있는 것을 형제니, 친구니 하는 관계와 얽혀 복잡해진다. 단체 내부의 분쟁에서도 유사한 상황을 볼 수 있다. 다 좋은 목적을 위해 하는 건데 어찌 돈을 따지느냐 말한다. 그러나 돈 문제로 불화하고 다툰다.

세상에 다양한 갈등요인이 있지만 모두 한꺼번에 문제 되지는 않는다. 하나의 갈등이 강력하게 부각되면 다른 갈등은 뒤로 밀리게 된다. 그래서 정치지도자는 어느 갈등을 부각할지 전략적으로 접근해야 한다. 얼마 전 총리 후보의 자질이 문제 되고 있는데, 한 야당 지도자가 갑자기 출신 지역을 문제 삼자 순식간에 지역 문제가 자질 문제를 덮어버렸다. 지역갈등에 대한 이해와 갈등의 전략적 감각이 부족했던 것이다.

정조(正祖)는 갈등 전략을 잘 구사했다. 천주교 문제가 부상하자 문체 문제를 꺼내들었다. 천주교는 남인들이 다수 연루되어 있었고, 문체 문제는 주로 노론 인사와 관련되었다. 일방적 탄압국면을 양 진영의 균형 있는 대립국면으로 만들고자 한 고도의 전략이었다.

정당 연구자인 샤츠슈나이더(Elmer Eric Schattschneider)는 갈등의 선택과 치환의 중요성을 강조했다. "정치에서 가장 파국적인 힘은 하나의 갈등을 전혀 다른 갈등으로 대체하면서 기존의 모든 갈등 구도를 뒤바꿔 놓는 권력이다."(『절반의 인민주권』, 2008, 131쪽)

사회안전망, 민생, 전임 대통령의 실정, 연금개혁, 남북관계, 한·미·일 외교 등등 숱한 의제를 어떻게 배열하고 이슈화할 것인가. 이런 의제설정에 경쟁자가 순순히 동조하지는 않는다. 그것은 갈등의 균열선을 결정하고 권력지형을 변화시키기 때문이다. 정당과 정치지도자가 의제(agenda)를 제시하여 정치공동체의 구성원들로 하여금 그 의제에 집중하게 하는 행위는 실로 중요하다.

(실학산책 2015-04-10)

· · ·

이념갈등이 이익갈등보다 타협하기 힘들다고 본 루이스 코저의 의견은 뜻밖이었다. 정치지도자는 의제설정에 현명해야 한다. 의제설정은 갈등 선택을 의미한다. 우선 그릇된 갈등 선택은 자신의 정치적 입지를 잃게 할 것이다. 그러나 자신의 정치적 입지만 고려한 갈등 선택은 공동체를 재앙에 빠뜨릴 것이다. 현실의 갈등을 직시하고 공동체의 통합을 위한 갈등 전략을 구사한다면 그는 뛰어난 정치지도자라 할 수 있다.

뭣이 중한디?

　지난해 일을 사필귀정이라면서 새해엔 다시 시작해보자는 국민적 결의가 고조되어 있다. 어느새 국민의 관심은 조기대선과 차기 대통령 선거에 옮겨 가고 있다. 대통령, 참으로 중요하다. 잘 뽑아야 한다. 그런데 문득 귓가를 때린다. "뭣이 중한디? 도대체가 뭣이 중허냐고?" 느낌이 확 오는 이 문장이 영화《곡성》에서 나온 대사인 줄 나중에야 알았다.

　대통령 한 사람 바뀌어 크게 달라지기 어렵다. 시스템이 바뀌고 문화가 바뀌어야 한다. 우리가 대통령의 실패에 실망한 것이 한두 번이 아니다. 이것을 대통령 개인 탓으로만 돌릴 수 없다. 소속 정당의 실패요, 팀(청와대와 국무회의)의 실패요, 우리의 실패다.

　우리나라의 정당은 선거철 아닌 평소에는 존재감이 약하다. 국회의원 동업자 조합 같은 느낌이다. 시대의 비전보다 상투적인 진영논리와 퇴행적인 이념 잣대로 행동한다. 국민의 정치적 의사를 형성·매개·조직화하는 정당의 헌법적 기능을 제대로 수행하고 있는지 의심스럽다. 정책을 만들고 정치인을 양성하는 기능이 미흡하다. 좋은 대통령을 기대하기 전에 좋은 정당을 만들 필요가 있다.

지난 선거에서 747이나 경제민주화 공약은 참으로 허망했다. 거짓말에 대한 우리의 태도가 더 엄격해져야 한다. 또한 앞으로 대통령 후보는 영국의 새도 캐비닛(shadow cabinet)처럼 집권 후 함께할 팀을 보여줘야 한다고 생각한다. 경제·교육·국방·외교 등 요직을 맡을 인물을 유권자가 미리 보고 정책의 방향이나 능력 수준을 예측할 수 있어야 한다.

대통령의 실패 근원을 헌법에서 찾는 사람도 있다. 하필 헌법 탓인가. 헌법 조문상 문제점이 없지 않겠지만, 그것이 그토록 결정적이었을까. 견제와 균형의 헌법원리가 제대로 작동할 수 있도록 하는 법률적 차원에서의 입법과 정치문화적 수준이 미흡했던 것은 아니었을까.

우리 헌법은 독재자에게 줄곧 유린되어 왔다. 유신헌법은 그 절정이었다. 80년의 대통령 단임제는 지긋지긋한 장기독재에 대한 국민적 저항의 결과였고, 87년의 대통령 직선제는 국민의 의사와 무관한 대통령을 거부하고 직접 대통령을 선택하겠다는 국민적 욕구의 결과였다. 독재자의 액세서리에 불과했던 헌법이 우리 정치공동체의 최고 법규범으로 다가온 것은 지난한 민주화 투쟁을 겪어서였다.

대통령제와 내각제는 상대적 장단점이 있다. 전통시대를 공부하는 필자는 내각제에 대한 편견이 있다. 왠지 정치가 엘리트의 전유물이 되어 국민의 정치적 요구에 대한 반응도가 떨어지지 않을까 하는 우려다. 정답이 정해져 있을 수 없다. 국민의 정치적 경험과 학습을 토대로 한 제도가 현실에서 규범력을 얻는다.

우리 헌법이 많은 영향을 받은 독일의 바이마르 헌법은 당시 가장 선진적인 헌법이었다. 국가권력은 국민으로부터 나온다는 국민주권을 제1조에 명문화하고 있는 것을 비롯하여, 평등·의회주의·법치주의·기본권(인권) 보장을 담고 있었다. 그러나 나치의 출현을 막지 못했고, 나치의 위헌적 법률로 규범력을 잃었다. 아무리 선진적인 헌법이라도 그 운명은 국민의 의식과 정치에 달려 있다.

헌법 논의는 언제든지 얼마든지 할 수 있다. 그러나 개헌은 충분한 국민적 합의와 성숙한 시기가 필요하다. 국민과 동떨어진 정치인들만의 개헌론, 더 시급한 많은 과제를 방기하는 블랙홀이 되는 개헌론, 분열만 야기할 개헌론, 당장의 정파적 유리함만 도모하는 정략적 개헌론은 경계해야 한다.

"작은 것에서 큰일을 한다(爲大於其細)"(『도덕경』)라고 했다. 큰 것, 한 방만 바라보기보다, 작고 가까운 일을 실천하는 자세가 중요하다. 헌법의 부족함만 탓하기 전에, 한 단계 낮춰 법률 차원에 더 주목할 필요가 있다. 법률에 위헌적 요소가 없는지 살피고, 헌법정신이 제대로 구현되도록 법률을 제정·입법하는 노력이 선행되어야 한다. 대통령만 바라볼 것이 아니라, 민주 시민으로서 뭘 해야 할지 고민할 때다. 각성한 시민이 정당이나 정당정치를 보완할 단체에 관심을 갖고 참여해야 하지 않을까.

상황이 점점 어렵고, 낙관적이지 않다. 그래도 새해엔 세상이 좀 더 나아지겠지 하는 희망을 버릴 수 없다. 조그만 실천이라도 해봐야겠다는 각오를 해본다. 새해니까!

(다산포럼 2017-01-03)

• • •

새해에 초유의 대통령 탄핵 이후 변화를 기대하며 썼던 글이다. 단순히 사람이 바뀌는 데 그치지 않고, 시스템이 바뀌고 문화가 바뀌어야 진정한 변화가 이뤄질 것이다. 공연히 헌법개정론으로 국가적·국민적 역량을 소모하지 않을까 걱정이 들어서, 헌법을 탓하기보다 법률 차원의 노력부터 충실하게 했으면 하는 기대를 담았다.

무엇보다 이름을 바로잡아야

혁명이란 헌 문짝 차는 것처럼 쉬운 일이다. 『불확실성의 시대』의 저자 갤브레이스(John Kenneth Galbraith) 교수가 했던 말로 기억한다. 왜 그런가? 이미 새로운 생각이나 질서가 받아들여진 세상에서 옛것은 더 이상 걸림돌이 되지 않는다. 낡은 체제는 폐기를 확인하는 것만 남아 있을 뿐이다.

그렇다면 최근 우리 정치에서 일어난 일은 혁명적이긴 하나 혁명이라 부르기엔 좀 부족하다. 현직 대통령을 파면시켰지만, 어디까지나 헌법 절차에 의해 본래 있어야 했던 헌법 질서를 온전하게 한 것이지, 새로운 질서가 등장한 것은 아니기 때문이다.

낡은 체제를 무너뜨리는 것과 새로운 체제를 세우는 것은 별개의 일이다. 새것이 등장하면서 이 두 가지가 동시에 일어나기도 하지만, 새것이 등장하지 못해 그저 낡은 체제가 동요하기를 거듭하기도 한다. 과거의 낡은 체제가 무너지고도 새로운 질서가 자리 잡지 못한 채 또 다른 한계나 난관에 빠졌던 경험이 우리 역사에 몇 차례 있었다.

그래서인지 요즘에도 그런 역사의 후퇴를 상기하는 사람이 적지 않다.

탄핵과 함께 낡은 정치 질서가 가고, 조기 대선을 통해 새로운 정치 질서가 올지는 아직 확신할 수 없다. 그러나 거창한 혁명이 아니더라도 '비정상의 정상화'를 질서 있게 도모한다면 그 또한 대단히 의미 있는 일이다. 언론이 제구실을 하고, 국민이 광장에서 질서 있게 의사 표현을 하고, 국회와 헌법재판소가 제구실을 하여, 제구실을 하지 못한 대통령을 파면했듯이 말이다.

공자가 정자정야(政者正也), 곧 "정치란 바로잡는 것"이라 했다. 또한 위나라에서 정치를 맡게 되면 무엇부터 하겠느냐는 제자 자로의 질문에, 공자는 "반드시 이름을 바로잡겠다(必也正名)"라고 했다. "이름이 바르지 않으면 말이 순조롭지 않고, 말이 순조롭지 않으면 일이 이뤄지지 않는다"라고도 했다.

이름이 어지러워지면 무슨 일이 생기는지 우리는 이미 보았다. 사슴과 말의 이름을 어지럽혔던 진나라는 조정의 권력이 농단되고 천하가 혼란에 빠졌다. 그 '지록위마'의 고사를 떠올리게 했던 정권의 운명도 우리는 보았다.

지난 4년 동안의 이슈들을 보자. 국정원 대선 개입, 경제민주화 공약의 실종, 세월호 사건과 메르스 사건 때 보여준 정부의 태도, 피해자와 국민 여론을 외면한 위안부 합의, 거센 국민적 반대도 아랑곳하지 않은 역사교과서 국정화 추진, 관계자의 이해와 국민적 지지를 얻으려는 노력 없이 돌연 이뤄진 개성공단 폐쇄와 사드 배치 결정, 비선 국정개입 등. 숨 가쁘게 이슈를 이슈로 덮고 넘어갔던 이런 것들은 이름의 혼란과 무관하지 않다.

국민의 보호임무를 방기하면서 안보를 말하고, 사사로운 집단 이익을 추구하면서 국가기관이라 말할 수 없다. 동맹이란 이름이 종속이나 맹종일 수 없다. 국정원 댓글 공작은 이름과 말을 어지럽히는 심각한 사안이었다. 민주, 법치, 경제민주화, 안보, 공권력 등등의 이름이 바로잡히면 나라가 나라다워질 것이다.

정치권에선 저마다 보수와 진보를 말하지만, 명백한 헌법 가치를 무시한다면 사이비 보수일 뿐이다. '좌측 깜박이에 우회전'이란, 입으로는 진보를 말하지만 의지나 실력이 없어 이름값을 하지 못한 경우이다. 이런 사이비 이름 사이에 갇혀 있는 정치인이 적지 않다. 정치인이 표를 쫓아 대중 영합에 급급하다 보면, 어느새 분열과 분쟁을 야기하는 이름으로 인기를 얻으려는 유혹에 빠지곤 한다. 종북이란 이름은 자의적이고 폭력적이다. '적폐세력'이란 말도 아전인수식으로 남용되면 언어적 폭력으로 전락하고 말 것이다.

이름을 바로잡는 것이 어찌 정치가들만의 일이겠는가. 시민들은 분열적이고 적대적인 이름뿐만 아니라 정책과 관련한 분식적인 이름도 경계해야 한다. 민영화, 규제철폐, 테러리즘과의 전쟁, 신자유주의 등의 이름은 곧잘 다른 동기를 은폐하곤 했다. 이름에 맞게 제구실을 하는 것도 이름을 바로잡는 일이다. 언론이 언론답고, 공공기관이 공공기관답고, 기업이 기업답다면 나라는 나라다워질 것이다.

'이게 나라냐?'라는 질문은 여러 이름에 대한 질문을 포함하고 있다. 역사엔 비약이 없다지만, 중요한 계기는 있다. 대통령 한 사람 바뀐다고 크게 바뀔까마는, 많은 사람이 바뀌고 서로 마음이 통하면 변화는 온다. 막연한 요행을 바라기보다 기본에 충실할 때다. 그 기본이 바로 이름을 바로잡는 일이 아닐까.

(다산포럼 2017-04-18)

• • •

탄핵 결정으로 새로운 정치 일정이 제시되는 가운데, 걱정과 기대 속에 썼던 글이다. 나라가 나라답기를 바라면서, 낡은 것을 부수는 것보다 새로운 것을 세우는 것이 더 어렵다는 생각을 하면서, 평소 생각들을 다시 글로 옮겨 보았다.

관중이 비록 그릇은 작았지만

올해가 『경세유표(經世遺表)』 저술 200주년이다. 다산 정약용은 『경세유표』에서 군주를 중심으로 한 일원적 관료체제 정비안을 제시하고 있다. 공공성과 효율성을 높이고자 한 것이었다. 그 밖에 많은 분량을 할애한 제도 개혁안[고적법(考績法), 전제(田制), 부공제(賦貢制) 등]은 '용인(用人)'과 '이재(理財)'의 둘로 압축할 수 있다.

'용인'과 '이재'는 각각 『상서(尙書)』에 나온 '지인(知人)', '안민(安民)'과 통한다. 첫째, 인재를 잘 알아보고 잘 평가하여 인사를 공정하게 하는 것이다. 둘째, 경제를 잘 운용하여 민부(民富)를 늘리고 수취체제를 개선하여 부담을 줄여서 민생을 편안케 하는 것이다. 현대라고 크게 다르지 않을 것이다.

조선후기에 도덕만을 내세워 민생을 소홀히 하는 경향이 농후했다. 지나친 도덕 강조가 공허한 허위의식으로 전락한 면도 있었다. 실학자들은 그런 역사를 반성하여, 이재를 강조했다. 민생이 넉넉해야 도덕적 사회도 가능하다는 것이다. 이때 많이 거론된 인물이 바로 관중(管仲, 중국 춘추시대 인물)이다. 그가 말한 "곳간이 차야 예절을 알고, 의식이 넉넉해야 영욕을 안다"라는 문구가 줄곧 인용되었다.

정약용도 관중을 이재에 능한 인물로 평가했는데, 관중 자신이 지인 내지 용인의 사례로 꼽힌다. 관중은 포숙아(鮑叔牙)의 추천으로 제 환공(齊桓公)에게 발탁되어 제나라가 패업을 달성하는 데 결정적 구실을 했다. 공자는 관중의 그릇이 작았다고 하면서도 그의 공로를 매우 크게 인정하였다. 관중은 유가(儒家)에서 문제적 인물이었다.

『사기열전(史記列傳)』에 따르면, 관중은 인간적으로 썩 좋은 평가를 하기 어렵다. 그가 포숙과 장사를 할 때 이익을 더 차지하곤 했다. 포숙의 일을 더 곤란하게 만들기도 했다. 세 번 벼슬길에 나가서 번번이 쫓겨났다. 세 번 전쟁에 나가 번번이 달아났다. 모시던 주군이 패사했는데 생사를 함께하지 않고, 구차하게 목숨을 건졌다.

그런데도 포숙은 관중이 가난해서 그랬다, 시운이 나빠서 그랬다, 노모가 있어서 그랬다, 사적인 의리보다 천하의 공명(功名)을 더 생각해서 그랬다 등으로 두둔했다. 포숙은 관중이 불초하다고 보기는커녕 크게 쓰일 능력이 있다고 믿었다. 마침내 관중은 제나라 재상이 되어 탁월한 능력을 발휘했다. 관중은 말했다. "나를 낳아준 사람은 부모지만, 나를 알아준 사람은 포숙이다." 사마천은 말했다. "천하 사람들은 관중의 현명함을 칭찬하지 않고, 오히려 인재를 알아보는[知人] 포숙의 뛰어남을 칭찬했다."

문재인 정권이 출범한 후 대통령의 인기가 아이돌 수준이다. 탈권위적 행태가 호평을 받았다. 지난 정권의 권위적 행태와의 대비 효과가 컸다. 측근 배제의 인사도 신선했다. 탕평 인사도 통합을 위한 노력으로 평가되었다. 그동안 자격·능력과 무관한 측근·보은 인사, 지역 편중 인사에 실망과 불만이 컸었다.

이러한 쾌조의 스타트는 국민의 마음을 얻기에 충분했다. 다만 아직 초기일 뿐이다. 민생부문에서 실질적 성과를 체험하지 못하면 국민의 지지가 약해질 것이다. 또한 개혁과제를 잘 수행하지 못하면 안팎의 반발과 실망을 낳을 것이다. 이러한 것을 제대로 하려면 역시 인사가 중요하다.

그런데 인사와 관련해 최근 곤혹스러운 상황이 발생했다. 문재인 대통령이 후보 시절 인사 5원칙을 공약한 바 있었다. 부패하더라도 능력만 있으면 된다는 생각이 한때 있었지만, 그것은 요행을 바라는 것이었다. 국민의 도덕성 요구는 더욱 강해졌고, 인사기준 천명은 이를 반영한 것이라 환영할 만하다. 다만 실정법 위반이 곧바로 도덕성 판단의 근거가 될 수는 없다.

공직자에게 도덕성을 요구하는 것은 왜인가? 개인적 차원의 도덕 군자를 바라는 것은 아니다. 공직을 수행하려면 공(公)의식이 필요하고, 일정 수준의 도덕성이 없다면 그런 공의식을 기대하기 힘들기 때문이다. 공공성과 도덕성을 각성한 국민의 요구에 부응해야 한다. 하지만 도덕성 요구가 오십보백보 식의 흠집내기와 무차별적 정쟁거리로 전락한다면 본래 취지를 살리기 어렵다. 또한 도덕성에 관해 결벽증도 독선도 바람직하지 않다.

차제에 자격 판단의 객관적 기준을 합리적으로 재정립할 필요가 있다. 아울러 공직자로서 자질 검토는 종합적으로 판단하고 저울질해야 한다는 게 필자의 소견이다. 향후 개혁을 추진할 때도 마찬가지다. 객관적 원칙도 중요하지만 구체적 타당성을 기하는 실질적 판단을 게을리해서는 안 된다. 좋은 동기만으론 부족하고 현실적 결과를 헤아려야 한다.

지난 26일(금요일) 강진에서 『경세유표』 저술 200주년을 기념하는 학술대회("다산 정약용, 강진에서 새로운 나라를 설계하다", 강진다산실학연구원·다산연구소 공동주최)가 있었다. 강진 군민과 함께했던 학술대회는 고무적이었다. 『경세유표』 저술동기인 '신아구방(新我舊邦: 우리의 낡은 나라를 새롭게 하자)'에, 새로 막 출범한 정부에 대한 기대감이 오버랩되었기 때문이다. 어려운 때 국정을 담당하게 된 새 정부가 궁극적으로 성공해서, 임기를 마쳤을 때 국민의 종합적 평가가 높기를 기대해본다.

(다산포럼 2017-05-30)

· · ·

문재인 새 정부가 막 출범하여 기대가 높았던 때 쓴 글이다. 역시 인사가 걱정이었는데, 4년이 지난 지금 분위기에 썩 좋은 평가를 받지 못하고 있는 것 같다. 도덕성만을 지나치게 요구할 경우의 우려도 담은 글이다. 포숙과 관중의 이야기는 참 많은 생각을 하게 한다.

물길을 막기보다 터줄 궁리를

필자가 군복무했던 부대는 산에 있었다. 출퇴근자를 위해 부대 차량이 산 아래까지 운행되었다. 그때 도로는 흙으로 된 도로였다. 그래서 여름철 심한 폭우가 쏟아지면 비상이었다. 폭우로 불어난 물길이 한바탕 도로를 휩쓸고 지나가면, 도로가 깊게 파인 골짜기로 변모하고 만다. 그러면 온 부대 장병이 유실된 도로를 복구하느라 며칠씩 삽질을 해야 했다. 이런 결과를 아는지라 당직 근무를 설 때 폭우가 내리면 당장 부대원 몇 명을 이끌고 도로에 내려가 봐야 한다. 물론 삽을 들고.

이때 대단한 제방을 쌓으려는 것은 아니다. 도로에 불어난 물이 들어와 순식간에 물길이 되어버리는 것은, 조그만 나뭇잎들이 흘러가다 얽혀 모여서 도로변 좁은 도랑의 물길을 막아버리기 때문이다. 그래서 일차적인 응급조치는 이런 나뭇잎 더미를 얼른 제거해주는 것이다. 상황이 심각한 경우에는, 도로 일부를 가로질러 도랑을 내어 물길이 다른 골짜기로 흐르도록 터준다. 약간의 삽질로 엄청난 피해와 고된 복구 '사역'을 미연에 크게 줄일 수 있다.

부동산값 상승에 따른 주거 불안정, 사교육에 따른 교육비 부담은 경제적으로나 사회적으로나 큰 문제다. 이런 문제에 임하는 정책에는 물길을 다루는 듯한 자세가 필요하지 않을까 싶다. 보통 사람이 이익을 좇는 것은 물이 흐르는 것과 같이 자연스럽기 때문이다.

부동산 안정화 정책이 녹록지 않다. 투기금지 지역으로 선정되면 가격이 더 오른다고 한다. 돈 있는 사람들에게 무슨 호재가 있는가 싶어 도리어 관심을 더 불러일으킨다는 것이다. 우리의 주택은 의식주의 하나이면서 또한 재산증식의 수단이다. 사용가치에 따른 수요공급의 면만 따지는 것으로 부족하고, 경제 전체적으로 돈이 이익(교환가치 등)을 좇아 흐르고 몰리는 것을 도외시하고서는 제대로 부동산 정책의 효과를 얻을 수 없다.

사교육 현상은 입시 위주의 교육현장에서 조금이라도 우위에 서려는 것이기에 막기 힘들다. 공교육이 잘 된다고 사교육이 없어질까? 공교육이 입시 위주의 사교육을 대체하려는 것도 이상하며, 그렇게 잘할 수도 없다. 교육문제는 사회 전체의 인력 양성과 충원구조가 결부되어 있다. 당장은 과열을 완화하려 노력해야겠지만, 그 한계를 인식하고 근본적으로 입시 위주의 사교육이 필요 없는 환경이 조성되도록 노력해야 한다.

최근 정부의 최저임금인상 정책이 뜻밖에 영세 자영업자의 반발에 봉착하는 것을 보면서 당구 게임이 연상되었다. 초보자는 눈앞에 보인 당구공의 움직임만 보고 플레이를 하다 낭패를 본다. 부딪힌 공이 연쇄반응을 일으켜서 엉뚱한 공이 부메랑처럼 돌아와 득점은커녕 실점하기 십상이다. 당구 고수는 눈앞의 공만 보지 않고 공의 예상 궤적과 다른 공의 위치를 머릿속에 그린다. 정책을 펴는 사람도 2차·3차 연쇄효과를 가늠해보고(정책 시뮬레이션), 이해관계가 어긋나는 각 주체의 예상되는 반응을 잘 헤아려 봐야 한다. 고수는 또한 한 번 기회에 여러 점을 얻기 위해, 사각의 쿠션(당구대 안쪽의 공이 튕기는 면)을 이용한 이른바 '쓰리 쿠션' 같은 기술을 구사하기도 한다.

최저임금인상은 노동자에게 인간적인 삶을 보장해야 한다는 선의에서 시작한 정책이다. 정책 동기가 선하다는 자신감에서 자칫 여러 다른 변수를 따져보는 데 소홀할 수 있다. 그러나 선한 의지만으론 부족하다. 최저임금제라는 가격하한제의 문제점은 이미 경제학원론 교과서에 나와 있다. 근로자의 생계에 플러스가 될 수 있지만, 미숙련 노동자의 실업을 야기할 수 있다는 점이다. 일자리를 하나라도 더 늘리겠다는 정부로선 아이러니다.

한편, 우리 사회에 최저임금 지불도 부담스러운 영세한 자영업자가 많게 된 것은 기업구조조정의 부수적 결과였다. 기업의 효율성을 높이려는 구조조정이 국민경제에 주름을 더하고, 노동자의 권익을 보호하려는 정책이 영세 자영업자의 부담을 더하고 있는 것이다. 이런 딜레마적 상황에서 슬기로운 선택을 해야 하는 게 바로 리더의 문제 상황이다. 경제학의 기본 과제인 '고용 안정'과 '물가 안정'도 늘 두 마리의 토끼처럼 달아난다. 리더는 우선 딜레마적 상황을 이해하고, 그것을 저울질하여 적절히 정책을 조제하든지 그 상황을 뛰어넘을 정책을 시행해야 한다.

5년 임기의 정부가 시간은 적고 할 일은 많다. 조급하게 굴 것도 과욕을 부릴 것도 아니다. 당위적 규범성에 안주하기보다 이익추구의 현실을 직시해야 한다. 이것이 이익충돌을 조장하고 이익추구에 매몰되는 것을 의미하지는 않는다. 물길의 흐름을 잘 파악하여, 헛되이 물길을 막기보다 적절하게 터줄 궁리를 해야 한다.

(다산포럼 2018-09-11)

· · ·

이 글은 상당히 많은 공감을 얻었다. 그러나 경제분야의 장관에겐 영향을 미친 것 같지 않다. 각 이익주체의 반응을 예상하여 정책을 추진해야지, 정책의 선한 동기만으로 추진할 일은 아니다. 딜레마적 상황을 이해하여 정책을 조제해야지, 한 부분만 보고 밀어붙일 일도 아니다. 결국 부동산 정책은 최근 대통령이 실패를 인정했다. 그 수습이나 후속 정책도 여전히 중요한 문제다.

4부

공동체 풍경

세월호, 상징과 은유로 경고하다

"이번 참사는 '견제와 균형(Checks and Balances)'이 없는 시스템에서 비롯되었다. 그런 선장이 그 자리에 있게 되었던 것도 시스템의 결과였으며, 시스템이 바뀌지 않는 한 앞으로 이런 사고는 또 일어날 것이다."

"어떤 시스템이었더라도 선장이 제구실을 했다면 결과는 상당히 달라졌을 것이다. 동양정치에서 그토록 책임자의 도덕성과 공공성을 강조했던 까닭이 바로 여기에 있다."

시스템의 문제냐 사람의 문제냐. 마치 근대 서양정치의 고심처와 전통 동양정치의 고심처가 대립한 형국이 되었다. 한 학회의 뒤풀이 자리에서였다. 4·16 참사 이틀 후인지라, 자연 세월호가 화제가 되었다.

세월호의 충격은 깊고도 전면적이다. 사람들은 아이들을 내버려둔 참사에 대해 어이없어 놀라면서, 또한 조각조각 너무도 익숙한 모습에 흠칫 놀라고 있다. 부분이 전체를 닮고, 작은 구조가 무한히 반복되는 것을 '프랙탈(fractal)'이라 한다. 프랙탈처럼 세월호의 사고, 구조, 수습의 전체 과정에서 일정한 패턴이 반복하여 나타난다. 세월호는 대한민국호를 은유하고 상징한다. 그래서 4·16은 향후 여러 논쟁에서 줄곧 회자될 것이다.

사고의 직접 원인으로 과적(過積)과 평형수 부족이 꼽히고 있다. 과적은 사람의 생명과 안전을 무시한 이익추구와 탐욕을 상징한다. 감독·견제기능은 작동하지 않았다. 평형수를 뺀 것은 견제와 균형 장치를 제거한 것을 은유한다. 배의 복원력 상실은 견제되지 않는 권력의 치명적 귀결을 시사한다.

위기 상황에서 선장이 제일 먼저 탈출했다. 모두들 임진왜란 때 선조와 6·25 때 이승만을 연상했다. 다만 배의 실질적 책임자는 선장이 아니라 배 밖에 있는 인물이라는 지적도 있다. 현장의 승객 구조보다 회사와의 전화에 바빴던 일등항해사는 사고 책임에 전전긍긍하는 관료주의 폐해를 은유한다. 가만히 있으라는 선실 방송은 비판 기능을 상실한 받아쓰기 언론을 상징한다.

해경의 보고와 현장조치에는 많은 의혹이 제기되고 있다. 한시가 다급한 현장에서 해경은 '수상한 업체' '언딘'만을 기다렸다. '민영화'란 미명 아래 공적인 업무를 영리기업에 맡기고, 국민의 생명과 안전을 남에게 떠넘기는 것은 기실 익숙한 모습이다. 때마침 전시작전권 환수를 연기했다. 정부의 무능에 경악하여 오히려 안도하는 사람도 있겠지만, 현장 요구와는 거리가 먼 언딘의 행태에서 우리 요구와는 거리가 있는 동맹국의 행태를 예상해볼 수 있겠다.

수습단계도 비슷한 모습이 반복된다. 대통령이 각료들을 야단치면서 제일 먼저 책임대열에서 탈출했다. 정부 책임자들은 위만 바라보고 보신하면서 진상규명보다 여론단속에 힘쓰는 눈치다. 언론은 현장 사실과 다른 보도로 가족들의 원성을 샀다. 유가족은 동영상을 손석희 앵커의 JTBC 뉴스와 최승호 피디의 뉴스타파에 제보했다. 공영방송에 대한 불신을 드러낸 것이다. 선실 방송은 계속되고 있다.

무릇 일에는 조짐이 있다. 많은 조짐이 세월호 참사를 예견했고, 세월호는 다시 대한민국호에 경고를 보내고 있다. 이에 대한 응답으로 진상규명을 위한 국민적 조사가 첫 과제다. 진상규명은 희생자와 유족에 대한 최소한의 책임이자 위로다. 다음 과제는 대한민국호의 프랙탈을 바꾸는 것이다.

건강한 시스템의 핵심요소인 '견제와 균형' 장치를 정비하는 것이 무엇보다 중요하다. 언론은 비판기능을, 국가기관은 감독·견제 기능과 공평성을 회복해야 한다. 이는 책임자의 인선과 맞물린 문제다. 고도의 도덕성은 차치하고, 기본적인 공공의식·책임의식과 직무능력을 갖춘 사람이 공직에 나서야 한다. 공직에 부적합한 사람들을 걸러낼 수 있도록 인사시스템이 작동되어야 한다.

선거직 인사시스템도 바뀌어야 하지 않을까. 이제 우리는 더 이상 언론에 의해 포장된 구름 위의 영웅에 몰려가지 말자. 세월호의 박지영, 양대홍, 정차웅, 남윤철, 최혜정 등처럼 영웅들은 우리 곁에 있다. 리더십을 갖춘 우리 주변의 인물들이 공동체의 일을 맡을 수 있게 시스템이 작동해야 한다.

시스템이냐 사람이냐 택일적 정답이 있을 수 없다. 모든 문제를 시스템 탓으로 돌릴 수도 없고, 반대로 모두 개인의 문제로 돌릴 수도 없다. 더욱이 완벽한 시스템이나 초인적 영웅은 환상이요, 개인에 대한 억압의 논리가 될 수 있다. 견제와 균형을 통해 끊임없는 자기 보정이 가능한 시스템을 만들어야 한다. 동시에 공동체와 함께하면서 앞장서는 리더를 길러내야 한다. 세월호는 상징과 은유로 우리에게 경고하고 있다.

(실학산책 2014-05-09)

• • •

2014년 4월 16일, 많은 학생을 실은 여객선이 TV를 통해 온 국민이 보고 있는 가운데 가라앉은 사건은 충격적이었다. 재난의 역사를 돌아보면, 재난 현장의 리더십이 대단히 중요했다. 세월호는 리더십 부재의 사례로 꼽힐 것이다. 대한민국은 세월호의 희생을 겪고 나서 얼마나 나아졌을까? 국민적 재난에 대해서 민감해진 것은 다행이지만, 아직도 온갖 재난이 빈번한 걸 보면 근본적이고 구조적인 변화가 부족해 보인다.

세월호 쇼크, 잊을 수 있을까

"세월호 참사 64일째입니다." JTBC 손석희 앵커의 9시 《뉴스룸》 오픈 멘트다. 곧이어 그날 이후 늘 그랬던 것처럼, 진도 팽목항에 있는 서복현 기자를 부른다. SNS에서는 서복현 기자를 교대해줘야 한다는 동정론이 나온다. 64일째. 하얀 목련이 뚝뚝 지던 어느 봄날이었는데, 이제 여름으로 치닫고 있다.

지방선거 전에는 세월호 참사가 선거에 미치는 영향을 따져보기도 했었다. 이른바 카트리나 모멘트(Katrina Moment)라는 말이 나온 것도 그런 맥락이었다. 2005년 8월, 허리케인 카트리나가 미국 동남부 지방을 휩쓸고 지나가면서 재즈의 도시 뉴올리언스가 물과 슬픔에 잠겼다. 늑장 대응했던 부시 정부의 무능과 공감부족이 지탄의 대상이 되었다. 9·11 테러 이후 부시 대통령의 높았던 지지율은 하락으로 반전했다.

이번 지방선거 결과에 여당은 큰 불만이 없을 것 같다. 이렇게 선거철도 지나고 세월이 흐르면서 세월호 참사가 잊힐까 걱정하는 사람이 많다. 참사를 겪으며 품었던 반성과 다짐이 월드컵 열기에 휩쓸려 갈까 우려한다. 거리 응원에 앞서 진상규명 서명운동을 전개하는 취지도 알겠다. 사고가 발생한 때 한소끔 들끓다가 세월이 지나면 망각하고, 같은 원인으로 유사 사고가 재발한다면 개탄할 일이다.

그런데 잊을 수 있을까? 그저 남 일이라 잊어버린다면, 참사의 원인은 제거되지 않은 채 기회를 기다리고 있다가 또 다른 참사로 내게 나타날 것이다. 그때 우리는 세월호를 또 기억할 수밖에 없다. 유가족들은 진상규명을 간절히 요구하면서도, 한편으론 '차라리 잊을 수 있다면!' 하는 심정일 것이다.

하나의 충격이 바람직한 변화의 계기가 될 수 있다. 미국의 스푸트니크 쇼크(Sputnik shock)가 한 예다. 1957년 10월 소련이 최초로 인공위성을 발사했다. 과학기술과 군사력의 압도적 우위를 자부하던 미국은 충격에 빠졌다. 냉전 대결의 상대국이었던 소련의 인공위성이 머리 위를 지나다니다니. 미국은 항공우주기술에 대한 투자를 늘렸다. 교육과정과 내용에 관한 전반적인 검토와 개혁을 단행했다. 이후 과학기술과 교육에 관해 말할 때, 스푸트니크 쇼크가 결정적 계기였다고 말한다.

토목분야에 종사했던 지인은 말한다. "성수대교 붕괴사건을 통해 용접 방식이 확실히 달라졌어요." 세월호 참사에서는 과적을 위해 일부 평형수를 뺀 것이 치명적 원인으로 주목된다. 세월호 참사는 분명히 최소한 안전과 재난구제 시스템에서 하나의 모멘트가 될 것이다.

세월호 쇼크는 대통령 지지율이나 재난구제행정 차원에 그치지 않을 것이다. 세월호 참사에 대한 우리 사회의 쇼크는 깊고도 넓다. 가족의 소중함을 실감하고, 인명 존중과 안전의식이 새삼스럽게 고취되었다. 정신적 변화는 다시 제도적 변화로 이어져야 한다. 온 세계에 후진국 면모를 드러내고, 아직도 수습의 가닥을 잡지 못하고 있지만, 어떻게든 제반 분야에서 심층적이고 전면적인 조사와 반성이 이뤄져야 한다. 가깝고도 직접적인 원인에 대해 확실한 조치를 하고, 나아가 심원한 원인에 대한 근본적 성찰과 변화로 이어진다면, 4·16 세월호 쇼크는 긍정적 계기가 될 수 있다.

가령 국가의 의미와 공공성 논의도 더욱 활발해질 것이다. 안보의 개념이 추상적인 국가차원에서 구체적인 인간의 안전으로 초점이 바뀔 것이다. 교육의 목표가 달라지고, 학교 분위기도 달라질 것이다. 원전 등 위험원에 대한 경계심이 높아지고, 과학의 편익성에 대한 평가도 더욱 엄격해질 것이다.

또한 평형수 개념은 여러 분야에서 원용될 것이다. 예컨대 일방적 권력을 견제하는 개념으로, 혹은 과도한 탐욕과 영리 추구로 침해되어서는 안 되는 공적 안전판 개념으로 등등. 민영화라는 헛된 이름과 효율성을 핑계로, 세금을 들여 만든 나라의 공적 재산을 사유화하고 사적 이익을 추구하는 책동에도 제동이 걸릴 것이다.

해마다 봄이 되어 하얀 목련이 필 때면, 다시 4·16 침몰 때 구조되지 못한 아이들의 슬픈 동영상이 생각난다. 카톡 문자를 읽으며 가족과 일상의 소중함을 되새긴다. 그리고 사람들은 말한다. 4·16 세월호 쇼크를 계기로 대한민국이 결정적으로 달라졌다고. 그럴 텐데 어찌

4·16을 잊을 수 있을까.

(실학산책 2014-06-20)

• • •

이 사건 이후 지방선거에서는 당시 박근혜 대통령이 속한 여당이
지방선거에서 패하진 않았지만, 대통령은 점차 민심을 잃었다. 카트
리나 모멘트와 유사한 경로를 보인 것이다. 워낙 충격적인 사건이라
우리 사회 전반에 걸쳐 긍정적 변화의 계기가 되길 기대하면서 썼던
글이다.

광주 5월을 둘러싼 진실과 거짓

'진실은 거짓을 이긴다'고 한다. 그러나 이는 결코 거저 얻는 것이 아니다. 영화《나는 부정한다(원제 Denial)》(2016)(이하《부정》)와《택시운전사》(2017)는 진실에 관한 영화다.《부정》은 엄연한 진실을 부정하는 거짓에 맞서 어떻게 승리할 것인가를,《택시운전사》는 고립된 진실을 어떻게 외부로 알릴 것인가를 보여준다.

《택시운전사》는 신군부의 광주학살을 세계로 알린 독일 기자와 동행한 운전사의 모험을 중심으로 진실을 알리려는 시민들의 가상한 노력을 그리고 있다. 정작 완전한 진실 규명을 기대하는 사람에겐 불만이 있을 수 있다. 학살의 책임자나 진실의 근원을 파헤친 것도 아닌 현상 위주이고, 자동차 추격 장면도 사실성과 거리가 멀어 보인다. 그러나 이것은 다큐 아닌 영화라는 점에서 이해해야 한다. 광주 학살을 모르는 자에겐 진실을 향한 관심을 불러일으키고, 아는 자에겐 진실의 기록들이 쉽게 얻어진 게 아니라는 걸 깨닫게 해준 영화다.

《부정》은 나치의 유대인 학살(홀로코스트)에 관한 법정 투쟁을 다룬

영화다. 반유대주의자이며 인종차별주의자인 데이빗 어빙은 홀로코스트를 부정한다. 그가 자신을 비판한 유대인 교수 데보라 립스타트를 명예훼손으로 고소함으로써, 역사적 진실이 법적 테크닉을 요구하는 소송으로 바뀌어버렸다. 영국 법에 따르면 고소를 당한 데보라 립스타트 교수가 홀로코스트의 실재를 입증해야 했다. 또한 어빙이 실재를 알고도 고의로 부정한 점이 입증되어야 소송에서 이길 수 있었다.

역사적 사실의 존재 여부가 법적 판단으로 결정될 수는 없겠지만, 명예훼손 사건을 통해서 홀로코스트의 실재 여부가 쟁점이 된 것이다. 소송을 통해 비극을 생생하게 알리고 싶었던 데보라 교수와 피해 생존자들은 이 상황에서 분노를 금치 못하며 진실을 밝힐 열의에 차 있다. 그런데 변호인들은 교수를 비롯하여 피해자에게 발언할 기회조차 주지 않는다. 신나치주의자들의 지지를 얻고 그들을 선동하는 어빙에게 먹잇감을 주고 조롱당할 것을 우려했기 때문이다.

진실을 논쟁으로 확인할 수 있을까? 명백한 사실을 갖고 우기는 사람을 보면 보통사람은 흥분과 분노에 말도 잘 안 나온다. 엄연한 역사적 사실이라 해도, 이를 누군가 거짓이라 주장하면, 직접 겪지 않은 사람은 무엇이 진실인지 알 수 없다. 거짓을 주장하는 사람은 논쟁을 통해 진실을 진위불명의 상태로 만들어버린다. '사실'의 문제를 '의견'의 문제인 것처럼 바꿔버리기도 한다. 《부정》은 진실이란 것이 감정만으로 밝혀질 수 없고, 오히려 냉철한 이성과 집요함이 필요하다는 것을 보여준 것이다.

흥미로운 것은 어빙이 패소한 후에도 방송에 출연하여 마치 자신이 승자인 것처럼 행세하는 모습이다. 어빙의 홀로코스트 부정에는 인종차별과 반유대주의가 작동하고 있었다. 거짓을 주장하는 사람은 진실이 무엇인지 그다지 개의치 않는다. 자신의 이익과 신념체계를 위해 진실을 부정하고 거짓을 주장한 것이다. 최근 광주 학살을 둘러싸고 북한 개입설 등 전혀 이치에 맞지 않는 말을 유포하고 이에 박수치는 사람들이 있다. 알고도 고의로 진실을 부정하거나 믿고 싶은 것만 믿는 것이다. 이들은 줄곧 진실의 문제를 이념이나 지역의 문제로 바꿔버리려 한다.

《부정》은 지난 5월 18일에 방영된 JTBC《뉴스룸》손석희의 '앵커 브리핑'에서 소개되기도 했다.《택시운전사》는 최근 관객 1천만 명을 돌파했다. 두 영화 모두 5·18 학살의 진실과 거짓을 생각하게 한다.

광주의 항쟁에서 상징적인 방화가 있었다. 도심에 있던 MBC와 세무서 건물의 방화였다. 첫째 방화는《택시운전사》에서 나왔듯이 진실을 외면하는 언론에 항의한 것이었고, 둘째 방화는 세금을 내어 국민을 지키도록 했건만 군대가 국민을 죽이는 데 항의한 것이었다. 당시 제 역할을 못 한 언론과 국가폭력을 자행한 군대가 이제는 온전한 진실을 밝히는 데 앞장서야 한다. 특히 정치군인들에 농락당해 국민을 향해 총질을 한 군이 스스로 명예를 회복해야 하지 않겠는가. 그런 점에서 최근 JTBC가 보도한 공군 조종사의 증언은 고무적이었다.

진실은 은폐, 통제, 왜곡, 거짓과 맞서야 하는 것 외에 침묵과도 싸

위야 한다. 아직도 1980년 5월 광주의 진실은 더 많은 노력을 요구하고 있다.

(무등일보 2017-08-30)

• • •

진실이란 명백한 것이라 다툴 여지가 없을 것 같은데, 진실을 다투는 상황이 되면 이미 어려운 일이 되어버린다. 영화《나는 부정한다》는 진실을 다투는 일과 관련하여 많은 생각거리를 주었다.

가을엔 시(詩)를

본디 시(詩)를 좋아하지 않았다. 시에 익숙하지 않아서였을 것이다. 학교 공부로 배웠지만, 그 시는 그저 교과서 속의 시였을 뿐이다. 다행히 그 후 시와의 거리감을 줄일 계기도 있었다. 그러나 여전히 시는 시인이나 쓸 수 있는 장르였다. 시가 요구하는 정형성은 아무래도 부담스러웠다. 역시 글은 자유분방한 산문이라는 생각이었다. 시는 내게 신포도였다.

최근 시에 관심을 갖게 된 것은 두 가지 이유에서다. 첫째는 갈수록 짧은 글을 선호하는 분위기 때문이다. 둘째는 스스로 필요하기 때문인데, 박이약지(博而約之)와 글쓰기 연습이다.

요즘은 신문 칼럼도 SNS에서 소개된 것을 모바일을 통해 읽는 실정이다. 모바일에선 긴 글은 질색이다. 사회 전반적으로 긴 글을 부담스러워하는 분위기다. 글을 짧게 써야겠다는 강박관념 속에 떠오른 것이 시라는 장르다. 가령 트위터 글자수가 140자라면, 시조 한 편은 45자 내외다. 세 편의 시조도 쓸 수 있겠다.

그러나 모바일 환경에서 시가 제대로 읽힐지는 알 수 없다. 모바일의 독서는 책을 통한 고전적인 독서와 맛이 다르다. 책장을 넘기면서 상당한 시간을 확보하여 상상력을 펼치거나 깊은 사유를 하면서 행하는 고전적인 독서를, 모바일 독서가 완벽하게 대체하기에는 적합하지 않은 면이 있다. 마치 TV가 등장하고도, 라디오의 자리가 있고, 영화관 극장의 분위기가 있듯이, 각자의 특성 있는 독서 형태가 되지 않을까 싶다.

그렇다면 매체에 따라 적합한 글의 형식이 있다고 봐야 한다. 모든 글을 모바일 환경에 최적화하려고 애쓸 필요는 없다. 오히려 그런 데 휩쓸리는 것을 경계할 필요도 있다. 짧아야 한다는 강박관념에서도 벗어날 필요가 있다.

여전히 짧은 글에 관심을 갖는 것은 전통적인 '박문이약지(博聞而約之)'의 관점에서다. 공부를 하면 할수록 이를 짧은 글로 요약할 필요성이 있기 때문이다. 외부의 지식을 내 것으로 전화시키는 것이며, 언어의 경제성 내지 효율성을 활용하는 것이기도 하다.

한편, 내 생각을 외부로 표현할 때도 언어의 경제성 측면에서 짧은 글을 생각해본다. 옛글에 "문자는 말을 다 표현하지 못하고, 그림은 뜻을 다 표현하지 못한다(書不盡言 圖不盡意)"라는 말이 있다. 문자언어는 도구로서의 본래적 제약이 있다. 글이 길다 하여 뜻이 더 잘 전달되는 것은 아니다. 그래서 옛사람들은 돌려서 말하기도 하고, 일부만 말하여 여백을 살리기도 하고, 아예 말을 하지 않는 방법을 사용하기도 했다.

생각이 여기에 이르면, 필자가 시라는 형식에서 느끼는 부담감은 문자언어의 제약성과 닮아 있다. 그런 것은 오히려 감내할 만한 것이다. 본디 그런 것이니까. 제약 속에 어떻게 자신의 뜻을 담아낼까 하는 것은 오히려 시도해볼 만한 것이다. 얼마나 그럴듯한 시를 짓느냐 하는 것은 차치하고, 형식에 맞추어 짓다 보면 글쓰기 연습이 되고 나아가 하나의 유희가 된다.

시에 대해 적극적인 생각을 하게 된 데는 외부의 자극도 있었다. 송재소 교수의 '중국인문기행'을 따라다니다 보니, 한시(漢詩)를 많이 접하게 되었다. 또한 동행하는 분 가운데는 한학을 전공하지 않았으면서도 한시를 짓는 분이 있어 부러웠다.

한시는 언감생심인 필자가 주목한 시의 형식이 바로 시조(時調)였다. 대략 45글자로 분량도 적은 데다 여기에 제목을 없으면 완결성을 갖추는데 손색이 없다. 무엇보다 음절 구분이 뚜렷한 한글이어서, 서너 글자로 한 음보를 구성하고 네 음보의 운율을 살리면 그만이다. 성조(聲調)가 발달한 중국어로 된 한시의 운(韻)처럼 까다로울 것도 없다. 삼행시를 쓰는 기분으로 즐길 만하다.

최근 SNS 공간에선 날카로운 댓글들이 난무한다. 국가 지도자조차 거친 언사를 뱉어낸다. 감정을 여과시키고 자신의 뜻을 은근히 담아둘 시적 감각과 표현이 필요한 것은 아닐지.

시조는 원래 노래가사였다고 한다. 사실 대중가요 가운데는 음악 없이도 되뇔 만한 좋은 가사들이 많다. 시는 결코 범접하지 못할 그 무엇은 아니다. 봄꽃보다 더 붉은 가을 잎의 계절에, 시를 한 수 읊어보

자. 꼭 자작시일 필요는 없다. 이 가을엔 시를 읊어보자.

(다산포럼 2017-10-10)

• • •

매체 환경의 변화로 짧은 글이 선호되는 경향이다. 글마다 기능이 다르기 때문에 긴 글, 짧은 글 각자의 몫이 있다. 짧은 글 강박감 속에 떠오른 게 시(詩)라는 장르다. 시는 시인의 전유물이 아니다. 한때 출퇴근 전철 속에서 시험 삼아 시조(時調)를 지어보기도 했다.

말의 품격은 어디서 오는가

스포츠는 즐겁다. 상업적이란 비판도, 정치적이란 비판도 있지만, 공정한 룰 아래 기량을 다퉈 승부를 가리는 것은 매력적이다. 스포츠에는 스타가 있기 마련이다. 스타에겐 이야기가 따른다. 스타의 일거수일투족은 대중의 관심을 끈다. 경기가 끝난 선수의 말은 진한 감동을 남기기도 한다.

얼마 전 평창올림픽의 그날 우리는 카메라의 안내에 따라 한 스타를 주목했다. 스피드 스케이팅 500m에 출전한 이상화 선수였다. 그는 이미 '빙속 여제'로 우리에게 각인되었지만, 승리를 낙관할 수는 없었다. 경기란 알 수 없으니까. 더욱이 일본의 '고다이라 나오' 선수가 최근 우월한 성적을 내고 있었다. 긴장된 경기가 끝났다. 2등이었다. 아쉬웠다. 우는 모습이 안쓰러웠다. 이때 경쟁자이자 승자인 고다이라 나오가 다가와 그를 감싸 안았다. 제스처에서도 알 수 있었듯이 위로와 격려의 이야기를 했다고 한다.

"잘했어. 나는 여전히 너를 존경해."

고다이라 나오는 배려심이 있는 선수였다. 0.01초를 다투는 승부의 세계에서 선수들은 엄청난 스트레스를 받을 것이다. 그런 가운데도 다른 선수를 배려한다는 것은 쉽지 않을 수 있다. 그러나 경쟁자도 자신과 같은 처지라 생각하면 공감하지 못할 것도 없다. 어쩌면 경쟁자에 대한 배려와 존경은 스스로를 존중한 결과일 수 있다. 이상화와 고다이라 나오의 이야기가 이를 말해준다.

쇼트트랙의 김아랑 선수가 순위에 들지 못했지만, 승자인 최민정에게 다가가 축하하는 모습은 보는 이에게 여유를 주었다. 김아랑 선수는 노란 리본으로 질문을 받았다. 그의 절제된 대답은 훈훈했다. 팽목항에 계신 분한테 "고맙다"는 연락이 왔다며, "그 한마디로 큰 위로를 받았고 감사한 마음이 들어서 올림픽을 치르는 내내 기분 좋게 잘 마무리할 수 있었다"고 했다. 서로 위로하고 감사하는 데 여기에 무슨 말을 더하랴.

지난 1월에는 정현 선수가 테니스 호주 오픈 4강에 진출해 우리를 즐겁게 했다. 그의 인터뷰가 화제가 되었다. JTBC 《뉴스룸》에 나온 그에게 손석희 앵커도 물었다. 손 앵커는 정현 선수의 인터뷰 솜씨가 혹시 타고난 것이 아닌가 추측했던 것 같다. 그런데 정현 선수에게서 의외의 답이 나왔다. 교육을 받았다는 것이다.

"인터뷰라는 게 굉장히 중요한 모양이군요. 교육을 따로 받을 정도면…."

"그렇죠. 거기에서 팬들과도 소통을 해야 되고, 거기에서 말 한마디 잘못하면 상대 선수한테도 폐를 끼칠 수 있고 하니까. 그러다 보니까 좀 교육을 많이 받는 편이에요."

그렇다. 말은 중요하다. 한마디 말이 사람들에게 에너지를 줄 수도 있고, 마음에 상처 내는 칼이 될 수도 있다. 좋은 인상의 선수가 우물 쭈물 인터뷰를 마무리하면 좀 아쉽다. 말은 진심이 자연스럽게 나오기도 하지만, 훈련에 의한 것도 무시할 수 없다. 또한 어떤 말을 해야 하는가 생각하면서 스스로의 마음과 태도도 달라질 수 있다. 말하는 훈련이 필요하다.

"인터뷰 교육 중에 제일 중요한 게 뭐였습니까? 저도 한 수 좀 배우고 싶어서…."

손석희 앵커의 질문에 정현 선수가 답했다.

"질문을 받으면 일단 상대 선수를 배려해야 되고, 그리고 저를 응원해 주시는 팬들, 가족, 스폰서, 저를 도와주시는 모든 분들한테 감사의 뜻을 전해야 되고, 질문마다 다르기는 한데, 기본은 그게 시작이에요."

인터뷰에서 가장 기본이 되는 것이 배려와 감사였다. 승자에겐 축하를, 패자에겐 위로와 격려를 해주는 것이 스포츠 선수의 매너다. 또한 승리한 사람이라면 감사의 말이 당연하다. 어느 누구도 혼자의 힘으로만 잘날 수는 없기 때문이다. 매스스타트에서 1위를 한 이승훈 선수가 인터뷰하는데, 의례적인 감사의 말이 이어지다 한 대목이 주의를 끌었다. 자원봉사자에 대한 감사였다. 진심이 묻어났다.

말의 품격은 어디서 오는가. 바로 배려와 감사다. 상대방과 관련자들을 배려하는 마음과, 오늘의 내가 있도록 도와준 사람에게 감사하는 마음을 갖고, 그것을 표현해야 한다. 그런 말은 품격이 있고, 듣는 이에게 기운을 준다. 그런 말은 세상을 좀 더 살 만하게 만들 것이다.

(무등일보 2018-03-05)

● ● ●

마음을 말로 잘 표현하기 위해선 훈련이나 준비가 필요하다. 말의 품격은 배려와 감사에서 온다. 상대방에 대한 배려와, 수고하고 도와준 사람에 대한 감사를 놓치지 말아야 한다. 모두 내게 새기는 말이다.

뒤늦은 합격 통보

2015~2016년 한국가스안전공사 공채에 응시했던 지원자가 최근 합격 통보를 받았다. 3년 만에 뜻밖의 전화를 받은 지원자는 '혹시 보이스피싱이 아닌가' 의심했다고 한다.(『중앙일보』) 뒤늦은 합격 통보는 2~3년 전 채용비리의 피해자로 밝혀졌기 때문이다. "연이은 취업 실패에 자존감이 상해 있었는데, 그래도 정의는 살아 있다는 생각을 하게 됐다"는 반응도 있었다.(『국민일보』)

지난 촛불정국에서 젊은이들이 특히 분노했던 것은 최순실의 딸 정유라에 얽힌 입시·학점 비리였다. 정유라는 페북에 "돈도 실력"이라며, "능력 없으면 니네 부모를 원망해"라고 글을 올려, 많은 젊은이의 공분을 샀다. 공공기관 채용비리가 젊은이들에게 깊은 좌절과 분노를 일으키는 것도 마찬가지다. 청년 취업난 속에 각종 스펙을 쌓느라 바쁜 젊은이에게서 '부모 잘 만나는 게 최고의 스펙'이라는 자조가 튀어나온단다.

강원랜드의 경우, 2013년 선발 당시 최종합격자 518명의 95.2%가

청탁 리스트에 따른 합격임이 확인되었다. 현재 근무중인 부정 합격자 226명은 이달 말까지 퇴출하기로 했다. 청탁자는 강원랜드 사장과 임직원, 국회의원을 포함하여 총 30여 명이라고 한다.(『연합뉴스』) 얼마 전 필자가 찾은 어느 공단에서도 낙하산 채용이 적지 않다는 관계자의 실토를 직접 듣고선 상황이 심각함을 실감했다.

대기업의 직원 채용도 사회적 관심사다. 그런데 노조원의 자녀를 우선 채용하는 단체협약을 맺어 논란을 빚기도 한다. 대기업 노조 입장에서는, 자율적인 협약이 무슨 문제냐, 노조원이 회사에 기여한 대가가 아니냐 항변할 수 있다. 사기업의 직원 채용이 공공기관과 같을 수는 없다. 그렇지만 대기업의 사회적 영향력을 감안하면 간단히 묵과할 문제는 아니다. 더욱이 대기업 노조가 그동안 노동과 인권을 보호하는 구실을 했는데, 이제 사회 전체의 불공정을 조장하는 구실을 한다면, 사회적 지지를 얻기 힘들 것이다.

최순실·정유라 모녀와 같은 불공정 사례가 특별한 권력에 국한된 일부 현상이 아니라, 저마다 그런저런 지위와 권력을 이용하여 사회 전반에 걸쳐 일어나는 현상은 아닌가 걱정이다. 채용 비리를 비판하면서도 너도나도 그런 기회를 찾는 데 급급하다면, 누가 누구에게 우리 사회의 공정성을 말할 수 있겠는가.

조선후기 정약용은 「통색의(通塞議)」라는 글에서 인재를 버리는 현실을 고발했다. 인재를 찾기는커녕 신분 때문에 버리고, 지역 때문에 버리고, 당색 때문에 버린다. 결국은 수십 가문 출신 외에는 인재가 모두 버려지는 것이다. 정약용보다 선배인 이가환(李家煥, 1742~1801)

은 정조 10년에 평안도 정주 수령으로 부임하여, 서북지역 출신 인재에 대한 심한 차별을 확인하고는 개탄의 글을 남기기도 했다.

이가환과 정약용이 정조의 시대에는 관리가 되어 뜻을 펼 수 있었지만, 정조 사후에는 이념의 굴레가 씌워져 각각 죽음과 유배를 당했다. 조선 망국의 근원은 다른 데 있지 않았다. 공적 기구는 소수가 독점하고, 사회는 차별과 배제가 누적된 결과였다.

감사원은 지난해 53개 공공기관을 감사하여 8월에 감사보고서를 냈다. 이어 부처별 전수 조사로 확대했는데, 부정한 인사 청탁이나 압력 행사, 부적절한 위원구성, 평가기준의 부당한 운용 등의 문제점을 광범위하게 적발했다. 정부는 법정부적인 후속조치에 들어갔다. 최근 13일에 알려진 가스안전공사의 피해자 구제는 감사원 감사결과와 검찰 수사와 법원 판결을 거쳐 이뤄진 첫 번째 구제사례다.

공공기관은 공적 임무를 수행하는 기관이다. 공공기관답게 공정하고 투명한 인사제도를 운영해야 한다. 공정한 채용은 그 첫걸음이다. 위법한 방법으로 사사로이 뽑힌 직원이 과연 공적 임무에 필요한 자세와 능력을 갖추었겠는가. 부패와 무능은 서로 쉽게 결합한다. 그리고 부패와 무능은 반드시 조직과 공동체를 병들게 한다.

(다산포럼 2018-03-27)

• • •

최근 LH 사태를 보면서 다른 공공기관은 어떤가 걱정이 되었다. 공공기관이 공적 소임을 다하기 위해서는 채용부터 공공기관답게 제대

로 되어야 한다. 부패와 무능은 조직을 병들게 하고, 병든 공공기관은
나라를 망칠 수 있다.

누가 젊은 노동자를 또 죽음에 빠뜨렸나

또 스물네 살의 젊은이가 일터에서 죽었다. 2인 1조로 해야 했을 위험한 일이었다고 한다. 남겨진 컵라면은 밥 먹을 시간도 제대로 없었다는 표시요, 자신이 산 손전등은 헤드랜턴이 지급되지 않았다는 표시란다. 젊은 노동자의 끔찍한 죽음은 곧바로 구의역 사고를 연상케 한다. 2년 전 지하철 2호선 구의역에서 19세 젊은이가 혼자 스크린도어를 수리하다 전동열차에 치여 사망한 사고였다. 그때의 충격이 컸지만, 그 충격으로부터 우리 사회는 달라진 게 없다.

하청업체 비정규직 노동자 김용균은 컨베이어벨트에 몸이 끼어서 죽었다. 여러 화력발전소에서 이미 닮은꼴의 사고가 반복되었다. 태안화력발전소에서는 10년 동안 숨진 노동자가 모두 12명이라고 한다.

그래서 이번 사고에 대한 사회적 반응에 대해 동료 노동자는 오히려 신기해한단다. 작업 현장 개선 요구를 28차례나 묵살했다는 주장도 나온다. 그런데 죽은 노동자가 모두 하청업체 노동자였다. '위험의 외주화'라는 말보다 '죽음의 외주화'라는 말이 더 맞다.

대개 부분은 전체를 닮았다. 우리 사회의 양극화는 가히 전면적이며, 모든 분야가 비슷한 모습을 연출하고 있다. 대자본과 소자본의 위계 속에, 강한 노동자와 약한 노동자의 사이에 양극화 현상이 심화되고 있다. 양극화란 단순히 임금격차에 그치지 않는다. 차별과 과도한 불평등을 고착화시키는 현대판 신분사회를 만들어내고 있다. 정규직과 비정규직의 구분이 대표적인 형태다. 그렇다면 이것의 해법이 모든 '비정규직의 정규직화'일까?

비정규직의 정규직화에 당장 기존의 정규직 노동자가 반발한다. 자신들의 기득권을 침해할 수 있기 때문이다. '광주형 일자리'에서 볼 수 있듯, 당장 자신의 기득권에 끼치는 영향에 대해서는 예민하지만 다른 노동자의 처지나 우리 경제는 안중에 없다. 정규직으로 전환된 사람들은 다행이지만, 그것이 심각한 노동 양극화를 해소하는 데 얼마나 도움이 될지는 알 수 없다. 오히려 그만큼 또 다른 비용과 위험의 외부 전가가 발생하지 않을지 걱정이다.

기업의 입장은 어떠한가. 기업환경의 변화에 기민하게 대응하기 위해서는, 어느 정도의 비정규직 노동자는 필요하다고 본다. 그런데 비정규직이 허용되지 않는다면, 기업은 기업이 처한 모든 유동적 상황을 비용으로 떠안아야 한다. 결국 외주를 줄 수밖에 없다면, 열악한 외주업체에게 유동적 상황에 따른 비용을 전가하는 것이다. 태안화력발전소에서 하청업체는 사고가 끊이지 않았는데, 원청업체는 무재해 사업장으로서 감세 혜택을 받았다. 원청업체는 경비를 절감하면서 경제효율을 자랑하지만, 그것은 고스란히 하청업체 비정규직 노동자의 위험으로 전가되었다.

끝내 정규직이 되지 못한 비정규직에게 가해지는 온갖 불평등은 온당한 것인가? 문제의 핵심은 비정규직에 대한 평등한 처우라고 본다. '일 따로, 보상 따로'이거나, 같은 노동을 하는데도 모든 불이익과 위험은 일방적으로 비정규직에게 전가하는 구조여서는 안 된다. 최소한 근무 기간을 제외한 모든 처우는 정규직보다 불리해서는 안 된다. 기업의 목표나 노동자의 교섭력 등 여러 요인에 의한 차별이 다소 있을 수 있다. 그러나 생산성 또는 노동량과 무관한 과도한 차별이 해소되어야 한다. 여기서 중요한 것이 바로 '동일노동, 동일임금'의 원칙이다.

이런 문제를 모두 정부가 책임질 수는 없다. 우리 사회의 문화가 바뀌어야 한다. 나눔과 배려의 정신이 발휘되어야 한다. 나를 위해서다. 그렇지 않으면 내 삶터인 공동체는 붕괴하기 때문이다. 한 번 승리가 영원한 승리가 되어서는 안 된다. 승자 어드밴티지는 인정하되, 승자 독식은 가능한 한 해소해야 한다. 여러 가지 방식으로 패자부활전이 활성화되고, 공정한 경쟁이 이뤄지며, 극도로 열악해진 구성원을 위한 사회안전망이 작동되어야 한다. 국가는 이런 문화를 제도화하고 지켜질 수 있도록 노력해야 한다.

(경남신문 2018-12-19)

· · ·

이 글을 쓴 후에도 이런 사고와 죽음이 계속되었다. 근본적인 개선이 안 되고 있다는 것이다. 노동조건을 개선하는 움직임이 계속되었지만, 다른 한편 노동자 사이의 양극화도 계속되었다. 공동체 전체를 바라보는 기업정책과 노동정책이 강구되어야겠다.

'스카이 캐슬'과 체육계 폭력

"어머니, 모든 걸 감수하시겠습니까?" 카리스마 넘치는 입시 코디네이터 김주영(김서형 분)이 묻는다. 부모 한서진(염정아 분)은 파멸에 이른 가족 이야기에 일말의 불안감을 느끼고 있었지만, 자식을 S대 의대에 보내고 싶은 바람에 다른 선택을 하지 못한다. 오로지 S대 의대 합격이라는 지상 과제를 위해! 수단과 방법을 가리지 않고 오로지 결과만 좇는다. 그런 가운데 학부모는 자식을 경쟁의 아수라장으로 내몰고, 수험생 또한 자신의 이익만 챙기는 괴물이 되어간다. 김주영이 학부모에게 가혹하다 싶은데, 그는 오히려 부모들을 "자식을 내세워 제 욕심 채우는 것들"이라며 비웃는다. 사실은 그 자신이 그랬다. 최종회를 앞둔 《SKY 캐슬》 이야기다.

드라마에서처럼 심각하진 않더라도, 반성해볼 일이다. 부모 자신의 과도한 욕심을 충족시키기 위해 자식에게 집착하고 자식을 희생시키는 것은 아닌지. "이게 다 너를 위해서 하는 것이야" 말하면서. 이 드라마가 인기 있는 것은, 과장도 있겠지만 공감을 주기 때문일 것이다.

　몇 번 늪에서 빠져나오려다 말았던 한서진이 마지막 순간 정신을 차렸다. 더욱더 감당할 수 없는 상황으로 진행되는 것을 정지시켰다. 드라마는 다행히 파멸의 행진을 멈췄는데, 우리의 체육계는 작금의 상황을 과연 멈출 수 있을까. 우리의 체육계는 김주영 같은 코디들이 좋은 성적을 내며 지도자로 군림하고 있다. 드라마에서는 코디에게서 벗어날 수 있었는데, 우리의 체육계는 그런 코디들에게서 벗어날 수 있을까?

　심석희 선수의 용기 있는 폭로로 빙상계를 비롯한 체육계에 미투가 번지고 있다. 드러난 것은 그야말로 빙산의 일각일 것이다. 또 다른 2차 피해로 이어질까 두려워 쉽게 폭로하지 못하는 게 현실이기 때문이다. 오로지 금메달 획득이라는 지상 과제를 위해, 수단 방법을 가리지 않고 오로지 결과만 좇는다. 그런 가운데 폭행도 불공정도 묻혔다. 금메달이 국위선양이고 애국이었다. 금메달만 획득하면 모든 것이 보상으로 돌아왔다. 빙상계의 권력자로 알려진 아무개 씨는 자신의 책에서 "체벌이 있어도 믿음이 있으면 문제 되지 않는다"라고 썼다. 폭행하고도 말한다. "이게 다 너를 위한 거야. 나만 믿어!" 다른 선택지가 없는 선수는 믿어야 했고, 부모는 참아야 했다.《SKY 캐슬》의 판박이다.

　이제 결과만 따지는 보상체계의 악순환을 끊어야 한다. 그리고 가해자는 체육계에서 단호히 배제하고 동시에 피해자는 최대한 보호해야 한다. 보다 근원적으로는 체육계의 폭력문화를 종식시켜야 한다.

체육계에서는 폭행이 일상적으로 이뤄지지 않나 의심이 있다. 아무래도 신체활동이 주가 되고 신체 접촉이 빈번한 특성상 그럴 개연성이 높다. 간혹 체육대학을 비롯한 대학생 신입생 환영회에서 폭력으로 물의를 일으키는데, 체육분야에서는 더욱 각별한 주의가 요구된다. 폭력이 일상화된 분위기 속에서 성장한 사람들이라면 자신이 지도자 역할을 맡을 때 폭행에 의존할 가능성이 크다.

폭행과 성폭력 사이의 간격은 크지 않다. 폭행은 쉽게 성폭력으로 발전할 수 있다. 강도 높은 훈련을 명목으로 강압적 분위기를 조성하고 함부로 폭행을 일삼는 문화 속에서 성폭행은 훨씬 자행되기 쉽다. 폭력문화에 대해 단호히 대처해야 한다.

스포츠계의 미투 운동이 이번에는 변화를 일으킬까. 이미 10년 전 2008년에 그런 고발이 있었음에도 아무것도 바뀌지 않았다. 가해 코치는 다시 돌아오는데, 피해자는 못 견디고 떠나야 했다. 이번에는 다를까?

이제 결과만 보고 모든 걸 덮지는 말자. 폭행과 성폭력으로 얼룩진 금메달이 어떻게 국위를 선양할 수 있겠는가. 성적이 좋은 운동선수가 운동을 즐기고 운동선수로서의 삶을 자랑스럽게 여길 수 있어야, 그런 선수를 둔 우리나라가 자랑스럽고 우리도 함께 즐거워할 수 있을 것이다. 드라마《SKY 캐슬》의 사이코 코디는 아웃되었다. 체육계의 범죄 지도자들은?

(경남신문 2019-01-30)

    • • •

  드라마를 보지 않는 편인데,《SKY 캐슬》은 흥미진진하게 봤다. 결과에 너무 집착하다 그릇된 시스템에 빠질 수 있다. 내가 무엇을 하고 있는지 무엇을 잃고 있는지 따져보는 지혜가 필요한데 쉽지 않다. 그릇된 시스템이 구조적으로 형성되고 있다면, 사회적인 관심과 문제제기가 문제해결의 출발점일 수 있다. 좋은 드라마나 용기 있는 시민이 필요한 까닭이다.

바다로 연결된 삶의 터전

　강진에 사는 이강회(李綱會)가 우이도에 문순득(文淳得)을 만나러 갔다. 1818년 스승 정약용이 유배가 풀려 고향으로 돌아간 후였다. 문순득은 홍어 장사를 하러 나갔다가 표류되어 오키나와, 필리핀, 마카오, 베이징을 거쳐 우이도에 돌아왔다. 5년에 걸쳐 3년 남짓 걸렸다. 마침 우이도에 유배 와 있던 정약전(丁若銓, 정약용의 둘째 형)이 문순득의 표류 경험을 기록해두었다. 바로 『표해시말(漂海始末)』이었다. 이강회는 이를 보강하고자 했다.

　이강회가 관심을 가진 것은 수레와 배였다. 문순득이 보았던 것을 묻고 기록했다. 이강회는 말했다. "임진왜란 때 일본을 이길 수 있었던 것은 결코 배가 좋아서가 아니었다. 원균은 왜 패배했겠는가. 이순신의 지략이 좋아서 승리했을 뿐이다. 우리나라는 삼면이 바다여서 조선술을 발달시켜야 한다."

　저 남쪽 바다에 살고 있던 일개 서생이 왜 배에 관심을 가졌던가. 그것은 우연한 일이 아니었다. 그의 스승 정약용은 『목민심서』에서 표류선을 잘 조사해 우리나라의 낙후된 조선술을 발전시켜야 한다고 말했다. 머지않아 바다로부터 위험이 올 것을 예견하고 대비하고자 한 것이다.

지금 우리나라의 자동차·조선산업을 생각해보면, 이는 먼 옛날 이야기가 되었다. 자동차산업은 2000년대에 들어 획기적으로 성장했고, 조선산업도 눈부신 성장을 했다. 1990년대에 30년간 선박 수주 세계 1위인 일본과 경쟁하다가 2000년에 들어서는 세계 1위로 자리를 굳혔다. 우리나라 조선업은 대우조선해양, 삼성중공업, 현대중공업 등 이른바 빅3가 주도했다. 대우조선해양과 삼성중공업이 자리 잡은 거제는 조선업의 도시가 되었다.

그러나 최근 상황은 썩 좋지 않다. 우리나라 자동차산업은 올해가 위기의 해가 될 것이라고 전망한다. 조선산업 또한 예전과 다르다. 중국에 세계 1위 자리를 내주기도 하면서 흔들렸다. 다행히 지난해는 연간 수주량이 다시 세계 1위였다고 한다. 그러나 거제의 동요와 불안은 가시지 않고 있다.

올해 발간된 책 두 권이 눈에 띈다. 먼저 '산업도시 거제, 빛과 그림자'라는 부제가 붙은 『중공업 가족의 유토피아』(양승훈 저)이다. 또 하나는 2017년 미국에서 발간되어 올해 번역된 『제인스빌 이야기-공장이 떠난 도시에서』(에이미 골드스타인 저)이다.

미국 중북부 위스콘신주에 있는 제인스빌(Janesville)은 인구 6만 3천 명이 사는 작은 도시다. 제너럴 모터스(GM)가 1923년 발렌타인데이부터 쉐보레를 생산하기 시작한 곳이다. 85년 동안 GM공장은 제인스빌의 생활 리듬을 규율했다. 도시의 모든 사람의 삶은 이 공장과 연결되어 있었다. 그러나 2008년 12월 23일 마지막 자동차 '타호(Tahoe)'를 생산하고 공장이 폐쇄되면서, 그들은 오랜 삶의 터전을 박탈당했다.

거제의 삶도 제인스빌의 그것과 유사하다. 온 가족이 조선소에 근무하기도 한다. 다만 우리 경제 현실이 그렇듯 거제에서도 노동의 양극화가 선명하다. 직영 정규직은 작업복을 입고 도시를 활보하는데, 하청업체 노동자는 작업복 입고 다니기를 꺼린다고 한다. 작업복이 마치 지위나 신분의 상징과 같다. 불황의 고통조차도 차별적일 것이다. 흥망을 함께하는 지역 경제공동체 내부에서 이익과 손해가 한쪽에 쏠리지 않게 서로 나누는 구조가 아쉽다. 세계적 차원에서도 서로 경쟁하지만 공생하는 구조가 안정적이라고 생각한다.

수주가 안 되면 공장을 닫을 수밖에 없다. 이익의 논리에 따라, 산업 사이클의 전망에 따라, 공장이 이전되거나 폐쇄될 수 있다. 하지만 그것은 지역 주민들의 삶에 너무 치명적이다. 우리 삶의 터전은 바다로 그 너머 세계로 연결되어 있다. 바다로부터 기회가 오기도 하고, 위험이 오기도 한다. 또한 산업 환경은 장기적으로 바뀔 수밖에 없다. 넓은 안목, 긴 안목에서 우리 삶의 터전을 가꾸었으면 한다. 그리고 그것이 다른 곳 주민들의 행복과 함께였으면 한다.

(경남신문 2019-03-20)

· · ·

우리의 전통시대 역사를 돌아보면, 중국 대륙과의 관계가 주된 관심이었고, 일본 등 다른 나라와의 관계는 소극적이었다. 주로 대륙만 바라보았다고 할 수 있다. 그러나 우리나라는 삼면이 바다로, 바다를 통해 세계와 연결되어 있다. 해양에 관한 관심을 더욱 높일 필요가 있다. 그리고 인접국가뿐만 아니라 세계 모든 지역공동체와의 협력에 관심을 가질 필요가 있다.

다산 정약용에 관한 가짜정보

다산의 『목민심서』를 호치민이 머리맡에 두고 읽었다? 호치민[胡志明, 1890~1969]은 베트남의 민족해방과 통일을 이끈 지도자다. 동서를 넘어 인정받는 위인이다. 그런 호치민이 『목민심서』를? 여기에다 호치민이 다산을 존경한 나머지 다산의 기일을 알아내어 제사를 지냈다는 이야기까지 더해지기도 한다. 이런 호치민 이야기는 『목민심서』의 권위를 올리는 데 좋은 소재들이다. 그런데 과연 사실일까? 확인된 게 없다.

『목민심서』는 어떤 책인가. 다산의 『경세유표』가 국가제도 개혁을 주장한 저서인데 비해, 『목민심서』는 현행 제도를 전제로 한 저서이다. 제도 '개혁'은 기약할 수 없다. 당장에는 제도 '운용'이 더 중요할 수 있다. 현행 제도 아래에서라도 일선의 행정 책임자가 제대로 행정을 편다면, 백성들에게 혜택이 돌아갈 것이다. 다산이 밝힌 『목민심서』 저술의 취지다. 『경세유표』가 개혁적이라면, 『목민심서』는 보수적이다.

『목민심서』의 어떤 구절은 다산의 보수성 내지 전근대성을 드러내는 사례로 인용되기도 한다. 「예전」편 '변등(辨等)' 조항에 있는 내용이다. 여기서 다산은 영조의 노비법 개혁의 역기능을 말하고 있다. 임진왜란 때는 노비가 있어 의병의 군사력을 보탤 수 있었는데, 홍경래의 난 때는 노비가 없어 자율적 방어력을 갖추기 힘들었다는 것이다. 참고로 다산이 『경세유표』에서는 영조의 노비법 개혁을 칭송한 바 있다. 그런데 비슷한 시기에 쓴 『목민심서』에서는 다른 견해를 보인 것이다.

호치민은 세계를 돌아다니며 베트남을 구할 새로운 혁명사상을 찾았던 사람이다. 『목민심서』는 베트남의 새로운 길을 찾기에 적합한 책이 아니다. 호치민이 한시를 읊고, 근면·절약·청렴·정직 등을 강조하고, 언설에 유교적 가치를 활용하기도 했다. 그렇지만 『목민심서』는 혁명가 호치민이 좋아할 그런 책이 아니다. 필자의 결론은 『목민심서』와 호치민 이야기는 외부의 권위에 편승하려는 그럴듯한 풍문이었다는 것이다.

또 하나 이야기. 지난 2012년에 다산 정약용 탄생 250주년을 기념하는 여러 행사가 있었다. 기념 분위기를 더욱 고조시키는 소식이 있었다. 유네스코에서 정약용을 장 자크 루소, 헤르만 헤세, 클로드 드뷔시와 함께 세계 기념인물로 선정했다는 것이었다. 다산이 2012년 세계 기념인물 '4강' 안에 든 것인가?

유네스코의 관련 페이지에 들어가 보았다. 'Celebration of anniversaries in 2012'라는 제목 아래, 세계 여러 나라가 국가별로 기넘할 만한 문화적 사건이나 인물을 한두 가지 소개하고 있다. 여기에 거명된 인물이 얼추 30명이 넘었다. 그 가운데 익숙한 사람이 루소, 헤세, 드뷔시 정도였다. 서른 명이 넘는 인물들 가운데 우리가 알고 있는 인물이 고작 유럽 사람과 우리나라 정약용밖에 없다는 사실이 조금은 민망하기도 했다. 아무튼 다산이 '4강'에 든 것 같은 일은 아니었다.

관련 신문 기사들을 다시 읽어보았다. 네 명이 선정되었으며 동양 인물로는 다산이 유일하다는 기사가 있었다. 명백히 잘못된 정보다. 다른 동양 인물도 있었기 때문이다. 그냥 네 명을 열거만 한 기사가 많았다. 거짓말한 것은 없다. 그렇지만 네 명만 선정된 것으로 오해할 소지가 다분했다. 그 오독을 누구 탓으로 봐야 할까?

우리는 외부에서 인정해주는 것에 연연하는 경향이 있는 것 같다. 내부에서만 인정하는 것보다 평가의 면에서 더 의미가 있을 수 있다. 평가자의 제3자성이 평가의 객관성을 높일 수 있기 때문이다. 다만 외부적 평가에 연연하는 것이 내부적 평가를 신뢰하지 못한 현실의 결과라면 안타까운 일이다. 또한 스스로 자존감을 갖지 못하고 모든 권위를 외부에서만 찾으려는 행태가 반영된 것이라면 심각하게 반성할 만한 일이다.

『목민심서』는 호치민이 읽지 않았더라도 훌륭한 책이다. 다산 정약용은 '세계 인물 4인'이 아니더라도 훌륭한 위인이다. 사족이 필요 없다.

(다산포럼 2019-12-03)

· · ·

　필자가 몸담은 실학박물관에서도 이런 오해를 할 만한 정보를 제공하고 있었기에 시정조치와 함께 이를 해명하는 차원에서 쓴 글이다.

　마침 사회적으로 가짜뉴스가 문제 되고 있는데, 가짜뉴스의 생산자도 문제지만 이를 경솔하게 유포하는 사람도 문제다. 근본적으로 보고 싶은 것만 보려는 사람들이 문제다. 자기 입맛에 맞는 뉴스면 따져보지도 않고 쉽게 수용하는 태도가 가짜뉴스의 온상이다.

5부

세계와 우리

공자가 한국인은 아니지만

베이징올림픽은 즐거웠다. 역시 중국은 가까웠다. 시차가 단 1시간밖에 안 되어서 생중계되는 경기를 즐기기에 편했다. 특히 개막식 행사는 대단한 볼거리였다. 많은 인원과 공중 공연이 펼친 중화문명의 이미지가 인상적이었다. 그런데 베이징올림픽 개막식을 보면서 불편한 느낌을 받은 사람이 적지 않았던 모양이다.

개막식에서 펼쳐 보인 '화(和)'를 보면서, 공자의 '화이부동(和而不同)'을 떠올렸다. 공자는, 군자는 '조화를 이루되 똑같고자 하지 않고[화이부동(和而不同)]', 소인은 '똑같고자 하되 조화를 이루지 못한다[동이불화(同而不和)]'라고 했다. 화(和)는 '조화, 어울림'을 뜻하고, 동(同)은 '똑같음, 한가지'를 뜻한다. 신영복의 '화동론(和同論)'에 의하면, 화(和)는 다양성을 인정하는 관용과 평화공존의 논리이고, 동(同)은 획일적 가치만 인정하는 지배와 흡수합병의 논리다. 다름을 전제하여 '서로 어울리는 것'이 화(和)의 세계이고, 다름을 인정하지 않고 '동일함을 추구하는 것'이 동(同)의 세계다. 공자는 동(同)의 세계가 아니라 화

(和)의 세계를 추구한 것이다.

베이징올림픽 슬로건 '하나의 세계, 하나의 꿈'은 '대동(大同)세상'이란 단어를 떠올리게 했다. '온 세상이 한 가족처럼 살아가는 세상'을 뜻하는 '대동세상'은 동양의 이상만은 아니다. 가령 굶어 죽는 지구촌 가족을 돕기 위해 부른 노래 'We Are The World(우리는 하나의 세계, 1985)'는 지구촌 공동체 의식의 발현이다. 지구촌 어느 곳이라도 굶어 죽거나 전쟁에 시달린다면 나의 안녕과 평화는 가짜이거나 불완전한 것이다. 올림픽을 전후하여 지구촌 시민들은 티베트인들을 동정했고, 지진의 재앙을 겪은 쓰촨성 주민들과 아픔을 함께했다. '하나의 세계'는 지구촌 가족의 바람이다.

그런데 동양의 스승 공자와 '화(和)'를 내세운 베이징올림픽을 보면서 왜 불편함을 느꼈을까? 그건 중국 위정자가 추구하는 세계가 화(和)의 세계가 아닌 동(同)의 세계인가 하는 의구심 때문이 아닐까? 안으로 소수민족의 독자성이나 고유성을 인정하지 않고 하나 될 것을 강요하거나 밖으로 중국에 대한 비판의 소리는 중화민족주의로 뭉개버리고 중화질서를 강변한다면, 그리하여 '하나의 꿈'을 강요하여 다른 꿈은 꾸지도 못하게 한다면, 그것은 공자가 말하는 화(和)의 세계가 아니다.

사람들은 분열보다 통일을, 갈등보다 화합을, 혼란보다 질서를 희구한다. 그래서 분란을 빚는 세력조차도 말로는 통합을 외친다. 또한 권력 확대를 위해 통합을 추진하기도 한다. 결국 통합의 실제 내용이 문제다. 그것이 내면적으로 소수자와 다양성을 인정하지 못하는 것이라면 그 전제적(專制的) 질서는 겉모양과 달리 취약하다. 필연적으로 분열과 혼란을 초래할 수밖에 없다. 통일과 분열을 되풀이한 중국 역사가 보여줬다.

우리가 다른 나라에 충고를 할 만큼 한가하지 않다. 반면교사로 우리를 돌아보자. 한민족의 우월성을 강조하느라 다른 약소국 민족을 깔보지는 않는가? 문화적 차이를 문화적 우열로 받아들이지는 않는가? 강대국과 부자에겐 비굴하고 약소국과 빈자에게는 오만한 속물근성을 조장하고 있지는 않은가?

온 국민의 관심이 베이징에 쏠려 있던 올림픽 기간에 국내에서는 공영방송국 사장을 제거하기 위해 사정기관들이 전격적인 작전을 전개하였다. 그 사유가 상식적으로나 법적으로 타당한 것인지, 국가기관들의 업무수행이 절차상 정당한 것인지 등을 제대로 따질 여유도 없이, 공영방송국 사장을 관영방송국 책임자 바꾸듯 갈아치웠다. 겁주기와 언론을 통해 같음[同]을 강요하는 것이다. 화(和)의 세상과는 거리가 멀다.

우리나라는 오래된 역사를 갖고 있다. 60년 된 신생국이 결코 아니다. 이웃 중국과의 관계도 마찬가지로 오래된 역사를 갖고 있다. 좀 서운한 일이 있다 하여 일희일비할 것은 아니다. 좋았던 많은 과거를 함께 기억하여 닻으로 삼아야 한다. 아울러 불유쾌한 과거, 부끄러운 과거도 잊어서는 안 된다. 그런 역사가 또다시 되풀이되어서는 안 되기 때문이다. 민족심리를 자극하여 침략을 선동하거나 외부의 침략세력을 찬양하며 그에 빌붙어 동족을 억압했던 동(同)의 세력에 맞서, 친중·친일·친한의 애국애족 세력이 화(和)의 힘을 키워 나가야 동아시아의 평화와 동아시아인의 행복이 지켜진다.

공자는 노(魯)나라 사람이다. 그러나 그의 가르침은 중국인만의 것은 아니다. 공자의 이름으로 다름을 배제하거나 억지로 조화를 강요한다면 공자가 개탄할 노릇이다. 크든 작든 강하든 약하든, 다름을 인정하면서도 서로 어울리는 화(和)의 세상은 우리 세계인 모두가 추구할 바이다.

(다산포럼 2008-09-24)

• • •

화이부동(和而不同)은 『논어』「자로」편에 나오는데, 매우 매력적인 어구다. 이에 관한 신영복 선생의 화동론(和同論)에 공감하는 바가 크다. 중국이든 미국이든 동(同)의 세계를 추구한다면 지구촌 리더십으로서 바람직하지 않다. 다름을 인정하면서도 서로 어울리는 화(和)의 세상을 함께 꿈꾸었으면 한다.

위기극복의 리더십

군사적 긴장이 계속되는 요즘 생각나는 책이 있다. 리더십과 소련 연구자인 로버트 터커(Robert C. Tucker)의 『리더십과 정치(Politics as Leadership)』(까치, 1983)라는 책이다. 이 책에 쿠바 미사일 위기 사례를 거론한 부분이 있다.

냉전시대인 1962년 10월, 케네디 대통령은 중요한 보고를 받았다. 항공사진정찰 결과, 소련이 쿠바 내에 다량의 공격 핵미사일을 설치하고 있다는 것이다. 미국의 주요 도시를 겨냥한 이 미사일들이 발사될 경우, 8천만 명의 미국인들이 생명을 잃을 수 있었다.

이에 대해 대통령은 어떤 조치를 취할 것인가? 대통령은 정책을 숙고하고 조언할 집행위원회를 구성했다. 위원의 몇몇은 미국의 압도적인 전략적 우세가 미사일 설치 후에도 유지되므로 별다른 대응조치를 할 필요가 없다는 견해를 제시했다. 다수는 뭔가 조치가 취해져야 한다는 대통령의 견해를 지지했다. 무슨 행동이 있어야 하는가에 관해서는 또다시 의견이 엇갈렸다.

먼저 쿠바의 미사일 기지를 비롯한 군사적 목표에 500대의 폭격기로 기습적인 공습을 가하자는 의견이 제시되었다. 또 미사일 관련 장비를 실은 소련 상선이 쿠바에 들어가지 못하도록 해상을 봉쇄하고 격리시키는 동시에 이미 설치한 미사일을 해체하도록 소련을 압박하는 외교적 조치를 취하자는 의견이 제시되었다. 심각한 논쟁 끝에 다수는 봉쇄안을 지지했고, 대통령은 이를 채택하여 성공적으로 실행했다.

이 사례를 들어 터커는 리더십의 집단적 성격, 도덕성 문제, 미래적 차원 등을 말하고 있다.

터커는 문제해결 과정이 '집단적' 리더십 과정이었음을 강조했다. 대통령이 정책을 심의하고 결정하는 데 관련 정부기관의 최고위 책임자의 도움을 받았으며, 결정된 정책을 실행하는 과정에서는 의회의 지지와 함께 국제기구와 주요 국가의 지지를 얻어냈다.

위원회는 '도덕성' 문제를 논의하느라 더 많은 시간을 보냈다고 한다. 공습은 결국 대국이 일개 소국을 기습공격한 꼴이라, 미국의 도덕적 지위를 크게 손상시킨다. 핵심적 문제는 무엇이 가장 강력한 응징인가가 아니라 무엇이 가장 도덕적·정치적으로 설득력 있는 대안인가였다. 그것이 대내외의 지지를 결집할 수 있었기 때문이다.

적대적 관계 속에서 전개되는 상황은 '미래적' 차원을 갖는다. 이쪽의 대응책은 저쪽의 대응을 낳고, 그것은 다시 새로운 상황으로 이쪽의 다음 대응책을 야기하고, 이에 따라 저쪽도 그에 상응하는 대응을 하는 식으로 상황은 동태적 발전을 한다. 그래서 리더는 미래적 차원에서 상황을 평가하지 않으면 안 된다. 여기에 환경의 인과관계를 분석하는 능력이 필요하고, 미래를 그리는 비전이 필요하다.

케네디 대통령은 당시 바바라 터크만(Barbara Tuchman)의 『8월의 총성(The Guns of August)』을 읽었다고 한다. 그 책은 유럽 열강들의 움직임과 그에 대한 대응들로 이뤄진 일련의 과정이 아무도 의도하지 않았던 세계전쟁(1914)으로 몰고 갔던 사실을 이야기하고 있다. 대통령은 제3차 세계대전에서 살아남은 사람들이 그와 유사하게 『10월의 미사일』이라는 이름의 책을 써서 제3차 세계대전의 기원에 대해 쓰게 되는 사태를 원하지 않았다.

쿠바 미사일 위기는 비슷한 상황이 다시 발생하지 않도록 미리 대처하고 적극적으로 방지할 필요성을 인식하게 했다. 그 경험은 미국과 소련의 지도자들이 핵전쟁을 방지하기 위해 상호 협력하는 길로 나아가게 했다.

오늘 여기, 이미 체제경쟁은 끝났건만, 북한 정권은 오히려 군사적 수단에 더욱 의존하고 있다. 한편으론 핵개발, 한편으론 국지적 도발로 위기를 조성하는 수법이다. 세계 최강인 미국이 이라크에서도 아프가니스탄에서도 확실한 승리를 거두지 못하고 있는 현실에서 위안을 얻으며, 벼랑 끝 전술과 물귀신 전략으로 생존을 도모하고 있다. 10여 년 동안 서해에서 벌어진 일련의 사건은, 강경조치가 점차 강도를 높여 교환되면서 상황을 강경하게 규정해버리고 일정한 경로를 따라 발전하는 양상이다.

북한 정권의 붕괴만 기다리는 것은 오산이다. 리더가 세 수(手) 앞을 내다보지 못하고 필부의 용기만으로 대들 수는 없다. 북한 정권의 계산된 행동에 대응하기 급급하고, 미·중의 경쟁구도에 끌려가서는 우리가 우리의 운명을 통제할 수 있는 영역은 더욱더 좁아진다. 멀지 않은 과거에 경험했듯이 그 결과는 너무도 비참할 것이다.

우리가 꿈꾸는 통일한국의 모습은 어떤 것인가? 남북 주민 사이의 갈등이나 주변국과의 분쟁으로 시달리는 모습은 아닐 것이다. 통일 한국을 위해, 북한 주민의 마음을 얻는 것임은 물론, 중국도 미국도 반대할 수 없을 정도로 도덕적으로나 정치적으로 설득력이 있는 대 안이 강구되고 안팎의 지지를 모으기 위해 노력해야 한다. 터커의 책 을 읽으며 위기극복의 리더십을 생각해본다.

(실학산책 2010-12-04)

• • •

터커의 책은 대학시절 처음 읽었는데, 리더십 강의를 할 때 활용하 곤 한다. 공습이냐 봉쇄냐의 결정이, 도덕성과 지지 결집가능성을 판 단하는 문제였다는 지적이 주목되었다. 리더는 미래적 차원에서 인 과관계를 동태적으로 분석할 수 있는 능력, 그리고 비전을 갖춰야 한 다는 말도 인상적이다. 남북 사이에 유화 분위기와 군사적 긴장이 롤 러코스터 타듯 교체되기도 한다. 이런 위험을 어떻게 관리하고 제거 할 것인가.

독도 소동을 바라보며

독도는 척도다. 일본이 침략 국가로서 과거를 청산하고 이른바 '정상국가'로 나아갈 수 있는지 가늠할 수 있는 척도다. 아시아는 이미 약육강식의 시대를 청산하고 공존번영의 시대로 접어들었다. 일본은 중요한 주역이다. 그렇지만 일본에 대한 일말의 위구심을 완전히 털어버리기 어렵다. 이를 확인할 수 있는 척도가 독도에 대한 일본의 태도다.

일본은 꾸준히 독도에 관한 논리를 축적해왔다. 우리가 실효적 지배를 이유로 무시하든 말든 일본의 행태로 보아 언젠가는 쟁점화하리라는 것을 예측하게 했다. 우리 땅을 방문하는 이명박 대통령의 독도 방문 자체가 문제 될 것 없다. 다만 일국의 대통령으로서 처신이 가벼워 보인다는 지적도 있지만, 기왕 일어난 일. 일본 모든 분야의 반응을 다각적이고 면밀하게 확인해, 향후 진중하고 전략적인 대응을 모색해야 할 터다.

우리는 세계질서에 비교적 잘 적응해왔다. 역사적으로 볼 때, 우리

나라는 '동방의 작은 나라'라고 스스로 인식하면서 중국 중심의 세계질서 속에 잘 적응했고 독립을 유지해왔다. 그 바탕에는 이른바 '동인의식'이 있었다. 나라의 기원을 단군조선과 기자조선에 두었는데, 단군은 고유성·자주성 내지 주체의식을, 기자는 세계성·보편성 내지 문명의식을 상징했다. 동인의식은 양자가 결합된 인식체계라 할 수 있다.

조선 초기의 외교관계와 세종 시대 나온 여러 문물은 양자가 잘 결합된 것이었다. 그러나 성리학이 지배적 이념이 되면서 기자조선이 단군조선을 압도했다. 기자조선론에 내장된 중화주의로 경도된 것이다. 중국 중심의 세계에서 변방에 있었던 일본에게 침략당하고, 이어서 중원의 패자가 명에서 청으로 바뀌는 변역(變易)에 제대로 대응하지 못했다. 그것은 중화주의라는 이념에 묶여 현실을 도외시한 결과였다. 항복의 수치를 당하고도 소중화주의로 자위하고 시대착오적인 북벌론으로 내부 단속하기에 급급했다.

한편 연암 박지원 등은 청조의 선진문물을 배워야 북벌도 가능하다고 했다. 연암은 청조가 안으로는 한족에 대해, 밖으로는 몽골, 티벳, 조선에 대해 어떤 전략을 쓰는지를 간파하면서 청조가 몰락할 기미를 살펴 『열하일기(熱河日記)』에 담았다. 일종의 세계패권전략에 대한 보고서인 셈이다.

그러나 자폐에 안주했던 조선은 다시 세계정세의 변화에 대한 이해와 대응의 기회를 놓치고 말았다. 아시아에서 중국 패권이 몰락하고 서구 중심의 패권질서가 수립될 때, 일본은 재빨리 군사력을 정비하여 영국 패권의 하위파트너로 자리 잡았다. 일본이 러일전쟁을 통해 러시아 군대를 분쇄한 것은 영국의 세계전략에 편승한 것이었다. 그 가운데 조선은 희생양 내지 디딤돌이 되었고, 식민지로 전락했다. 엊그제 8월 29일이 바로 국치일 102돌이었다.

일본의 침략욕은 너무 커져 영·미 패권에 대한 도전으로 이어졌고, 아시아 인민들에게 엄청난 고통을 안긴 후 전쟁에 패하고서야 멈추었다. 세계패권은 미국과 소련의 양극체제로 바뀌었다. 미국의 아시아 제1 관심사인 중국이 동구 진영에 넘어가는 바람에 패전국 일본은 부활하여 미국 패권의 하위파트너가 되었다. 이러한 세계 패권질서의 변동 가운데, 우리는 주체적 힘을 상실한 채 나라를 잃었다가 되찾았고 곧 분단되었다.

서구 진영에 속한 남한은 반쪽이나마 미국의 세계질서에 잘 적응해 성취를 이뤘다. 소련 패권이 몰락하고 동서의 벽이 무너지는 격변을 맞이해서는 더 이상 진영 대결의 논리에 안주할 수 없었다. 우리는 북방외교로 변화에 적극 대응했다.

그러나 최근 들어 이명박 정부는 외교의 무전략과 난맥상을 보이고 있다. 일본과의 관계는 가볍고 변덕스러워 또 어찌 바뀔지 불안하다. 수교 20년의 중국 관계도 어리둥절하고 답답할 뿐이다. 대북정책과 관련하여 중국에 짜증을 내곤 하는데, 대북대결정책을 유지한 채로 다른 나라와의 외교관계에서 높은 명분과 도덕성을 확보할 수 없다. 미국과의 동맹관계를 강조하며 중국 위협에 동참하고 있는데, 우리의 진정한 국익은 논외로 하고, 협력론과 위협론을 오가는 미국의 대중정책에 제대로 장단을 맞출 수 있을지 의문이다.

이제는 아시아에서 이웃을 적으로 삼는 원교근공의 발상을 버려야 한다. 근대 열전과 냉전을 이끌었던 진영 대결의 논리도 마찬가지다. 무능한 지도자가 자국민의 민족주의 감정을 부채질해서 인기를 만회하려는 작태도 사라져야 한다. 각국의 건강한 시민사회의 교류와 연대가 필요하다.

올해가 임진년, 그제가 국치일. 오늘의 독도 소동과 지나온 역사를 돌아보면서 우리의 생존전략이 무엇인지, 이웃나라와 평화롭게 공존할 수 있는 지혜와 전략이 무엇인지 생각해본다.

(실학산책 2012-08-31)

• • •

우리 역사를 돌아보면, 외교가 대단히 중요했다. 우선 패권국 등의 전략을 포함하여 세계정세를 살펴야 한다. 그리고 주변국의 동향에 대해서 많은 관심과 관찰이 필요한데, 특히 일본에 대해서 그렇다. 최근 독도에 대한 일본 정부의 태도를 보면 심히 우려스럽다.

조선책략 아닌 조선책략

1880년 6월 예조참의 김홍집(金弘集, 1842~1896)이 사신으로 일본에 갔다. 1876년 강화도조약의 뒤처리로 부심했다. 일본에 와 있던 청국 공사 하여장(何如璋)과 참찬관 황준헌(黃遵憲, 황쭌셴, 1848~1905)이 찾아왔다. '타향에서 만난 옛 친구'였다. 몇 차례 오가며 무역과 관세에 관해 조언을 들었다. 주된 화제는 자연스럽게 세계정세 변화와 그 대응책이었다.

"러시아가 귀국 국경 도문강구 일대에 무슨 시설을 해놓았다던데 무엇이지요?" 하여장은 우려를 나타내면서 덧붙여 말했다. "근일 서양에서는 '세력균형[均勢]'이라는 법칙이 있습니다. 여러 나라가 연합하여 강국을 견제하는 외교의 하나이지요."

어느덧 김홍집 일행이 귀국할 때가 되었다. 황준헌은 자신이 쓴 책 한 권을 건네주었다. 『사의조선책략(私擬朝鮮策略)』. '내가 생각하는 조선의 책략'이란 뜻이다. '사의(私擬)'란 말을 붙여 슬쩍 개인적 소견인 것처럼 말했지만, 사실 당시 중국의 실력자 이홍장의 생각이기도 했다.

내용은 러시아에 대한 경계로 시작되었다. "러시아가 영토 확장에 주력한 지 300여 년, 그 대상이 유럽에서 중앙아시아로, 오늘날은 동아시아로 옮겨졌는데, 그 첫 대상이 조선이 되었다. 조선에 러시아를 막는 일보다 급한 일이 없다." 러시아를 막는 조선책략으로 그가 제시한 방도가 무엇이었나? "중국과 친하고, 일본과 맹약을 맺고, 미국과 연대함으로써 자강(自强)을 도모하는 길뿐이다."

청국 외교관이 왜 그토록 러시아를 경계했던가? 당시 남하정책을 추진하던 러시아가 청국의 서북면 신강 위구르 지역에 침입해 분쟁이 생겼기 때문이다. 이 틈에 일본은 운양호 사건(1875)을 일으키고, 이듬해 강화도조약(1876)을 맺었다. 그뿐인가. 유구(琉球, 오키나와)는 심지어 병탄했다(1879). 이런 일본과의 맹약을 추천한 것은 청국으로선 궁여지책이었다. 미국을 끌어들인 것은 일종의 이이제이(以夷制夷)의 발상이었다. 『조선책략』에서 청국은 조선에 대한 종주권을 포기하지 않았다. 황준헌의 책략은 조선책략 아닌 '중국책략'이었다.

영남 유생들이 들끓었다. '중국에게 속방의 직분을 다하는데 더 친할 게 무엇이냐', '요충지를 점령하고 있는 일본이 기회를 틈타 침략하면 어떡하느냐', '미국은 본디 모르는 나라인데 공연히 끌어들여 분란을 자초하느냐', '러시아는 본디 혐의가 없는데 공연히 이간질하는 남들 이야기만 듣고 배척하여 분쟁의 구실을 주느냐' 등등.

『조선책략』의 뜻대로 미국과 조약을 맺고(1882), 유럽 여러 나라와 차례로 조약을 맺었다. 그러나 고종의 노력은 안팎으로 어려움에 봉착했다. 차별받던 구식 군대가 임오군란(1882)을 일으켰다. 청국은 대원군을 잡아갔다. 종주권을 행사하려는 청국으로부터 자주권을 회복하자는 것이 갑신정변(1884)이었다. 일본은 배후에서 부추겼다.

청·일의 대결국면에 불안해진 고종은 러시아에 은밀히 접근했다. 뜻밖의 상황 전개였지만, 고종의 선택은 갈수록 여유가 없었다. 이에 놀란 영국은 거문도를 불법 점령했다(1884). 영국은 패권국가로서 세계 곳곳에서 러시아와 충돌하고 있었다. 이른바 '그레이트 게임(The Great Game)'이었다. 러시아 견제를 제1의 목표로 삼은 『조선책략』은 기실 '영국책략'인 셈이었다.

일본은 미국과의 불평등조약(1854) 개정과 자강에 노력을 기울였다. 노(老)대국 중국은 변화가 여의찮았다. 중국만 바라보던 조선은 정치적 힘을 제대로 결집하지 못했다. 임오년 대원군, 갑신 개화당, 갑오 동학농민군, 을미 의병 등 각 정치세력이 차례차례 각개격파 당했다. 자강은 시간을 필요로 했는데, 시간은 일본의 편이었다. 조선은 일본의 자강을 위한 먹잇감이었다.

『조선책략』에서 바라던 바와 달리, 중국은 일본과 충돌했고 패배했다(1894). 패권국가 영국의 세계전략에 편승한 일본은 승리했다. 무릇 패권국가는 지역의 하위 파트너를 둔다. 영국의 동아시아 파트너는 일본이었다. 러일전쟁(1905)에서 일본의 승리는 영국의 승리였다. 이로써 동아시아에서의 그레이트 게임은 일단락되었다. 미국도 영국처럼 일본의 지역 패권을 인정했다. '가쓰라-태프트 협약'(1905)이 그것이었다. 그것은 세계전략상 뜻밖의 것이 아니었다. 20여 년 일찍 개항한 일본은 약 30년에 걸친 집요한 안팎의 작업으로 마침내 조선을 삼켰다. 대외 관계를 유리하게 정리하는 것과 함께였다.

다시 『조선책략』을 생각해본다. 그것은 조선의 책략이 아니라 패권국의 책략이었다. 패권국의 관점에서 세계를 이해하는 것은 세계정세를 이해하는 데 매우 중요하다. 그러나 패권국의 책략이 우리의 운명을 지켜줄지 알 수 없다.

또한 『조선책략』을 둘러싼 논쟁에서 화이론(華夷論)적 관점이 의연했다. 중화를 중심으로 하여 주변국을 오랑캐로 보는 동심원적 사고로는 중앙만 바라보느라 주변의 변화에 제대로 적응하지 못한다. '화'와 '이'를 구분하는 명분론적 사고로는 국제정세의 현실을 있는 그대로 파악하지 못한다.

광복 70년. 패전국 일본은 시간을 돌려 러일전쟁의 승리를 구가하던 110년 전으로 회귀하는데. 분단 70년, 동강이 난 반쪽짜리 나라에 전시작전권도 없이 오로지 미국만 바라보는데. 미국 국무부 정무차관은 민족 감정을 나무라고, 미국은 일본과 저렇게 사이가 좋은데. 한국책략은 도대체 어디서 구할꼬.

(실학산책 2015-05-08)

• • •

특정국에만 의존하고 특정국의 입장을 내면화시킨 관점으로는 우리의 활로를 제대로 설정할 수 없다. 황준헌의 『조선책략』은 '조선책략'이 아니었다. 미시적으로는 러시아와 국경을 다투던 중국의 '중국책략'이었고, 거시적으로 보면 러시아와 세계 곳곳에서 부딪친 영국의 '영국책략'이었다. 조선의 식민지화는 패권국 영국의 세계전략 속에서 이뤄진, 패권국의 동아시아 파트너인 일본의 승리였다.

전쟁 가능한 일본을 우려한다

다시 또 일본군이 이 땅에 상륙할 수 있게 되었다. 독도 해상에서는 해상자위대가 미일동맹의 기치 아래 군사작전을 전개할 것이다. 물론 과거에도 그랬듯이 한국의 이익과 동의라는 명분 아래 그럴 것이다. 지금 일본에서 전개되는 상황이 남의 일일 수 없는 까닭이다.

지난 9월 19일 새벽(오전 2시 18분) 안보 관련 11개 법안이 일본 참의원(상원)을 통과했다. 아베 신조 총리의 리드로 야당의 저지와 국민의 반대 분위기 속에 강행되었다. 공교롭게도 1931년의 9월 19일은 전날 밤 피습을 핑계로 일본이 만주사변을 일으켜 중국 침략을 본격화한 날이었다.

언론이 전하는 법안의 주요 내용은 이렇다. 새로 제정된 국제평화지원법은, 국회의 사전 승인이 있으면 언제든 자위대를 해외에 파병할 수 있게 했다. 개정된 '무력공격사태대처법'은, '일본의 존립이 위협받고 국민의 권리가 근저로부터 뒤집힐 명백한 위험이 있는 경우(존립위기 사태)' 자위대가 타국에 무력을 행사할 수 있게 했다. 또 '중요영향사태안전확보법'은, '방치할 경우 일본에 중대한 영향을 줄 수 있는 사태'가 발생하면 자위대가 전 세계 어디서나 미군 등 외국군대를 후방 지원할 수 있게 했다. 위험이나 영향의 판단은 일본 정부가 판단한다. 더욱이 '무력공격사태대처법'은 중요영향사태법과 달리 해당 영역국의 의사를 존중하는 규정도 없다.

이러한 법률은 현행 일본 평화헌법에 위반된다. 헌법은 전문(前文)에 평화정신을 담고 있으며, 제9조에서는 다음과 같이 규정하고 있다. "1. 일본국민은 정의와 질서를 기조로 하는 국제 평화를 성실히 희구하고, 국권의 발동에 의거한 전쟁 및 무력에 의한 위협 또는 무력의 행사는 국제분쟁을 해결하는 수단으로서는 영구히 이를 포기한다. 2. 전 항의 목적을 달성하기 위하여 육해공군 및 그 이외의 어떠한 전력(戰力)도 보유하지 않는다. 국가의 교전권 역시 인정치 않는다."

아베 총리는 향후 헌법까지 바꾸려 하고 있다. 아베 총리의 행동은 일본 국민의 평화를 위험에 빠뜨릴 것이다. 위헌적 법률의 제·개정에 대다수 일본 국민이 반대하는 것은 당연하다. 헌법학자들은 집단적으로 위헌소송을 준비하고 있다. 다만 자민당의 폭주를 저지하기에는 야당이 약하다는 평가가 있다. 과거 독일 나치의 악행이 모두 실정법에 근거했지만, 헌법을 위반한 실정법이었다는 점을 상기할 필요가 있다. 동아시아 평화와 일본 국민의 평화에 크게 기여한 일본의 평화헌법이 지켜지길 바란다.

안보법안이라기보다 전쟁가능법안이라고 해야 할 이 법률들이 우리에겐 어떤 영향을 미칠 것인가. 북한에 대한 억지력과 중국에 대한 견제의 면에서는 우리에게 도움이 된다고 한다. 그래서 경계하되 실리를 취하자는 의견도 있다. 일본군의 한반도 진출에 관해서는 우리의 동의가 없는 한 현실적으로 있기 힘들다고 한다. 우리의 국력신장으로 100년 전 같은 상황은 벌어질 수 없다고도 한다.

그러나 전시에 작전권이 미군 지휘관에 넘어가는 경우, 한국 정부의 의사가 제대로 반영될지 의문이다. 미일동맹군이란 이름으로 자위대가 한반도에 진출할 가능성도 배제할 수 없다. 더욱이 현 아베 정권은 위안부 등 과거사에 대한 반성을 외면하고 독도에 대한 영토적 야심을 점점 노골화하고 있다. 조짐은 무시할 수 없고, 추세란 꼭 지나치고서야 끝나는 경향이 있다.

돌이켜 보면, 일본은 미국의 동아시아 전략에 의해 꾸준히 재무장의 길을 걸어왔다. 한국전쟁 등 냉전적 상황이 그때그때 계기가 되었다. 미국의 비호 속에 상당한 성취를 이룬 우리로서는 적잖게 곤혹스러운 구도다. 일본이 패전 70년을 지나 다시 자국의 군대를 세계에 파견할 수 있는 지경에 이르도록, 우리는 분단된 상황 속에 우리 운명을 미국에만 내맡긴 궁색한 지경에서 한 발짝도 벗어나지 못하고 있다니.

바야흐로 동아시아에 전쟁으로 치닫는 근대의 야만이 꿈틀거리고 있다. 여러 사례에서 전쟁은 문제를 더욱 어렵게 하고 있다. 오히려 전쟁에 따른 증오로 내연하고 갈등을 증폭시켜왔다. 동아시아 평화를 위한 새로운 리더십이 간절한 때다. 우리의 정치지도자는 어떤 구실을 하고 있는가. 역설적이지만 우리로선 평화를 위해 군사력과 외교력을 강화하고, 무엇보다 남북문제를 얼른 해결해야 하지 않겠는가.

(다산포럼 2015-09-22)

• • •

일본 역사를 보면, 섬이라는 지리적 여건을 십분 활용하여 일본 천하의 독립성을 향유하고 있다가도, 내부 문제를 해소하기 위해 외부 침략을 감행하기도 했다. 근대에 들어서는 영미의 세계전략에 적극 편승하여 국익을 취했다. 그로 인해 우리 민족이 심대한 피해를 입기도 했다. 우리가 전쟁 가능한 일본을 경계하고, 일본의 동향을 늘 주목해야 하는 이유다.

스스로 모욕한 후에 남이 모욕한다

"사람은 반드시 스스로 업신여긴 후에 남이 업신여긴다. 집안은 반드시 스스로 망가뜨린 후에 남이 망가뜨린다. 나라는 반드시 스스로 친 후에 남이 친다.(夫人必自侮, 然後人侮之; 家必自毁, 而後人毁之; 國必自伐, 而後人伐之)"

『맹자』의 「이루(離婁) 상(上)」편에 있는 구절이다. 지난 12월 28일, 한일 외교부 장관의 '위안부' 기자회견을 보고 이 구절이 떠올랐다.

일본의 무성의보다 우리 외교부의 태도가 더 문제였다. '위안부' 할머니는 외교부 제1차관에게 "일본 외교부예요?" 하고 물었다. "나라가 없어 나라가 약해서 민족의 수난으로 이렇게 고통을 당하고 있는 우리를, 왜 두 번씩 죽이려 하는 거예요?"라며 울먹였다. 합의했다는 내용에 보통 사람도 모멸감을 느꼈으니, 당사자 할머니는 오죽했겠는가.

'위안부' 할머니가 구술한 이야기를 읽은 적이 있다. 식민지 소녀의 끔찍한 경험은 읽기가 매우 불편했다. 친절히 대해준 일본 군의관에게 그녀가 연민을 느꼈다는 대목에선 울컥했다. 그녀는 감성 어린 젊은 여자였다. 그 청춘을 어떻게 돌려줄 수 있겠는가.

얼렁뚱땅 돈으로 종결하려는 처사는 인격을 모독하는 행위다. 청춘을 잃은 것도 억울한데, 이제 인격까지 죽이는 것이다. 이걸 해결이라고 말하는 사람의 인격이 의심스럽다. 나라의 위정자가 스스로 민초를 모욕하고 나라를 모욕하는 일이 더 이상 없어야 한다.

가해와 피해, 일본과의 악연이 최종적이고 불가역적인 과거사로 끝나길 누가 바라지 않겠는가. 그러나 최근 일본의 행태는 과거의 역사를 결코 잊지 말라고 한다. 독도에 대한 태도에서 영토적 야심이 확인되고, '위안부'와 '소녀상' 발언에서 강자의 오만함과 비정함이 엿보인다.

고향에선 착했을 '이치로' 일등병을 탓할 것인가, 일본 군국주의를 탓할 것인가. 우리가 나라를 잃었던 탓이다. 일본이 다시 전쟁을 할 수 있는 나라로 나아가고 있는 이때, 맹자는 우리에게 스스로 나라를 침벌하지 않도록 경고하고 있다.

지난해 10월 14일, 황교안 총리는 국회에서 "일본군의 한국 진출이 가능하다"라고 답해서 야당의 지탄을 받았다. 이후 "정부 동의가 없으면 일본 자위대는 들어올 수 없다"라는 취지라며 동의 요건을 강조했다. 하지만 동의란 게 대단한 요건이 될 수 없다는 게 역사적 경험이다.

120여 년 전 외국군의 침탈은 우리의 요구에서 비롯되었다. 고종과 조정은 임오년(1882) 군사 반란과 갑오년(1894) 동학 농민을 진압하기 위해 중국 군대를 불러들인 바 있다. 일본군의 침탈도 그네들의 조약에 따른 자동연계로, 또는 우리 위정자의 동의를 갖추어 이뤄졌다.

위안부 문제로 곤경에 빠진 정부를 또 북한 이슈가 구하는 듯하다. 북한은 지난 1월 6일 핵실험을 강행하고, "수소탄 시험에 성공했다" 라고 선언했다. 북한의 핵에 대한 집착과 의존은 다른 여지가 없다. 우리가 할 수 있는 대책이 갈수록 궁색하다. 정부와 여당은 북핵에 관해서 중국이 압력을 행사해달라고 요구하는데, 가당한 것인가.

주변국들은 북핵을 비판하지만 이중적이다. 결국 자국의 이익을 추구할 뿐이다. 일본은 재무장을 합리화하고, 미국은 중국에 대항하는 미·일-한 동맹을 강화하고 있다. 중국은 남·북 양쪽에서 몸값을 올리고 있다. 어느 나라도 이해관계가 우리와 꼭 일치할 수 없다. 물론 주변국의 협력이 필요하다. 그렇지만 우리가 직접 북한에 관여할 여지를 넓히고 남북관계의 주도권을 강화해야 한다.

위안부 합의와 관련해서 미국의 강력한 요구가 있었음이 알려졌다. 120년 전에 중국도 러시아에 대항하고자 『조선책략』을 통해 조선에게 일본과 동맹을 맺도록 권유하여 조야의 반발을 사기도 했다. 이이제이(以夷制夷) 발상이었다. 지금 미국의 요구는 중국 견제의 의미가 크다. 이러한 미국의 아시아 정책은 현명한 것일까? 그대로 따르는 것이 능사일까? 우리의 이익과 조화시킬 적극적 모색이 필요하다.

우리가 스스로 업신여기지 않는다면, 남이 우리를 쉽게 업신여길 수 없으며 설혹 업신여긴다 해도 크게 문제 될 바 없다. 우리가 스스로 침벌하지 않는다면, 남이 우리를 쉽게 침벌할 수 없으며 설혹 우리를 침벌한다 해도 미구에 물리칠 수 있다. 자중자애하고, 모든 인간에게 예의를 갖췄으면 좋겠다.

(다산포럼 2016-01-19)

• • •

문제를 내게서 찾는 맹자의 말은 새겨볼 만한 문장이다. 맹자는 인용한 부분에 이어서 고전의 한 문구를 인용하여 못을 박았다. "하늘이 만든 재앙은 오히려 피할 수 있는데, 스스로 만든 재앙에선 살아날 수 없다."

전쟁과 평화 사이

2002년쯤 얼마간 미국에 머물고 있던 때다. 주(州) 지방지 1면 톱 기사 제목이 눈에 띄었다. "호전적인 시민, 신중한 참전용사(Hawkish Citizen, Cautious Veteran)." 이라크와 전쟁에 대한 주 의원들 분위기를 이 처럼 보도했다. 전쟁을 겪어본 의원은 전쟁에 신중했던 것이다.

조지 W. 부시 행정부 내에서도 유사한 대립이 있었다. 직업군인 출 신인 콜린 파월 국무부 장관은 '외교 우선'을 강조했다. 군사적 수단 은 최후의 부득이한 수단이어야 한다는 생각이다. 미국의 이라크 침 공이 점점 기정사실화 되자 파월은 부시에게 충고했다. "가게 물건을 부수면, 그 값을 치러야 한다(Pottery Barn Rule)"라고. 반면 민간인 출신 국방부 장관 도널드 럼스펠드는 호언했다. '충격과 공포'의 전략에 따 라, 첨단무기로 외과수술처럼 정교한 공중 폭격을 가해, 적을 순식간 에 무력화시킬 수 있다고.

미국은 2001년 끔찍한 9·11 테러를 당하고, 이후 북한·이라크·이 란을 '악의 축'으로 규정했다. 2003년 3월 20일 오전 5시 30분 어둠 속에서 미국은 이라크를 공습했다. 4월 9일 바그다드를 장악하고, 4월 14일 사담 후세인의 고향에 진입했다. 발발 26일 만에 사실상 전투는 끝났다. 전쟁 명분이었던 이라크의 대량살상무기(WMD)는 찾지 못했다. 5월 1일, 부시는 항공모함 갑판에서 '임무 완수'를 자랑스럽게 선언했다. 그러나 그것은 끝이 아니었다.

미국은 마침내 2011년 12월 혼란스러운 이라크에서 군대를 철수했다. 이라크 내부의 반목과 폭력은 더욱 심해졌다. 이라크 내의 내전과 폭력, 중동의 난민사태, IS의 국제테러 등 서방을 위협하고 세계평화를 해치는 오늘의 상황은 바로 이라크 전쟁에서 비롯됐다. IS 군사력의 상당 부분이 실직한 이라크 군인이라고 한다. 작전명 '이라크의 자유(Freedom of Iraq)'와는 거리가 먼 결과였다.

2006년 사담 후세인이 교수형으로 처형되었을 때, 북한의 위정자는 무슨 생각을 했을까? 후세인이 대량살상무기가 있었다면 그렇게 쉽게 당하지 않았을 거라고 생각했을까? 그랬다면 북한은 핵 보유가 단순한 협상을 위한 선택사항이 아니라 생존을 위한 필수사항으로 간주하게 됐을 것이다. 그러한 사정을 헤아려주기에는 우리의 상황이 엄혹하다. 남북 공멸의 불씨가 될 북한의 핵 보유를 우리는 결단코 용인할 수 없다.

북한은 지난달 28일, 탄도미사일 발사를 규탄하는 유엔 성명에 대해, "우리의 정정당당한 자위권 행사"라고 강변한 바 있다. 북한이 지난 9일 핵실험을 하자, 우리 언론은 이구동성으로 규탄했다. "우리도 자위권 차원에서 핵을 가져야 한다"라는 주장도 나왔다. 평화수호를 위한 대항론이라고 하지만, 영락없는 '북한 따라하기'다. 냉전시대 행태처럼 거울을 보고 있는 듯 남북의 모습이 똑같아지는 건가.

이제까지 추세로 볼 때, 앞으로도 다른 상황을 추측하기 어렵다. 선택지는 점점 좁아지고 강경론의 강화로 치달을 것이다. 목소리를 높이다가 어느 때는 그것으로 부족하여, 본때를 보여줘야 한다, 전쟁 불사다, 거친 비난과 강경한 발언이 금방 전쟁 나기 직전 상황까지 치닫곤 할 것이다. 민족의 운명을 치킨 게임에 맡길 수 없다.

강온대립에서는 강경론이 득세하는 경향이 있다. 조선시대에 항복의 수모를 겪으면서도 현실적인 아무것도 못 하는 척화론이 세력을 얻었다. 이후 내부 단속용으로 기능하며, 우리는 변화의 기회를 놓쳐버렸다. 성호 이익은 '화전(和戰)'이란 글에서 척화론의 표리부동과 무책임성을 신랄하게 질타한 바 있다.

이라크 독재자 사담 후세인은 처형되었지만, 주민은 평화를 얻지 못했고 일부는 게릴라가 됐다. 전쟁은 상황을 종료한 게 아니라 또 다른 혼란과 전쟁을 초래했다. 북 정권이 핵으로 외부의 안전을 도모할 수 있을지도 미지수지만, 정권의 운명은 오히려 외부보다 내부의 민심에 달렸다고 봐야 한다. 우리는 북한 정권과 별개로 북한 주민의 마음을 얻는 것이 무엇일까 고민해야 한다. 외교 관계도 다시 숙고해야 한다.

고(故) 정주영 회장이 소떼를 몰고 방북했던 장면이 떠오른다. 그는 상인적 실용주의와 창의성을 보여주었다. 체제 경쟁의 결과와 민족 공영의 미래를 상징하는 일대 사건이었다. 다시 한번 창조적 리더십이 나와야 한다. 창조적 리더십은 일방적이고 배타적 분위기에서 나올 수 없다.

(다산포럼 2016-09-13)

• • •

북한이 잇달아 탄도미사일을 발사하며 긴장이 고조되던 때 쓴 글이다. 남북이 대치하고 있는 상태에서 언제든 발생할 수 있는 상황이다. 이런 상황에서 전쟁의 효용성에 관해 생각해보았다. '테러와의 전쟁'이 테러와 전쟁을 낳는다면 아이러니다. 테러와의 전쟁이 당초 테러의 종식이 목표였는지 의심스러울 정도다. 아무튼 이런저런 고려도 없이 아무 책임도 지지 않을 사람이 호전성을 드러내는 경우가 적잖다. 여기에 대책 없이 휘말려서는 안 된다.

제국의 몰락

처음 미국에 갔을 때 인상이 좋았다. 끝없이 펼쳐진 평야가 인상적이었다. 지역마다 차이가 있겠지만, 필자가 방문한 중서부 지방의 조그만 도시 사람들은 인사성 바르고 친절했다. 넓은 미국을 여행하는 것도 즐거웠다. 국내선 비행기는 고속버스 타는 것만큼 간단했다. 어디선가 분쟁으로 소란할지라도 그곳은 평화스러웠다.

그러나 9·11 이후 사정은 달라졌다. 좀 더 정확히 말하면 그로부터 약간의 시간이 더 지난 후부터였다. 비행기 탑승절차는 매우 까다로워졌다. 국내선도 마찬가지였다. 탑승을 위해 줄 서 있는 사람들의 얼굴은 굳어져 있었다. 한쪽에선 재수 없이 우연히(?) 걸린 사람이 샅샅이 몸수색을 당했다. 출입국 절차를 담당하는 직원은 친절하긴커녕 험악한 느낌이 들었다. 미국은 달라졌다.

로마제국은 하루아침에 이뤄지지 않았고, 몰락 또한 그랬다. 미국의 세계 초강대국 지위는 언제까지 지속될까? 지난해 말의 뉴스(『연합뉴스』 2016. 12. 8 기사)에 따르면, 소련 해체를 예언하기도 했던 요한 갈퉁(Johan Galtung) 교수가 도널드 트럼프가 대통령으로 있는 동안 미국이 초강대국 지위에서 멀어질 것이라 예견했다고 한다. 2009년 저서에서는 미국 몰락의 전조로 파시즘 발호를 꼽았다. 그는 이미 조지 W. 부시로 인해 5년이 앞당겨진 2020년에 미국이 몰락할 것이라고 말했던 적이 있다.

에이미 추아(Amy Chua)는 『제국의 미래(Day of Empire)』(비아북, 2008)에서 세계 제국은 군사력과 경제력 이외에 상대적으로 높은 종교적·인종적 관용이 있었기에 가능했다고 분석했다. 추아는 미국의 쇠퇴는 관용의 상실에서 비롯될 것이라고 경고했다. 트럼프의 인종주의적 언행은 추아의 걱정을 현실화시키고 있다.

가브리엘 콜코(Gabriel Kolko)는 『제국의 몰락-미국의 패권은 어떻게 무너지는가(World in Crisis: The End of the American Century)』(비아북, 2009)에서 미국이 경제분야에서 리더십을 잃고 있을 뿐 아니라, 군사분야에서도 문제점을 드러내고 있다고 분석했다.

필자가 보기에 미국은 오랫동안 군사적 행동으로 이득을 보았다. 영국으로부터의 독립도 전쟁을 통해서였고, 서부의 개척도 아메리카 인디언을 총으로 몰아내서였다. 라틴아메리카의 정복자 스페인을 쿠바에서 몰아내고 태평양의 괌과 필리핀을 얻은 것도 전쟁을 통해서였다. 그뿐만 아니라 세계의 리더 국가로 등장하게 된 것도 1·2차 세계 대전을 통해서였다.

그러나 한국전쟁에서는 이기지 못한 채 정전협정으로 일단락지었다. 베트남전쟁에서는 패퇴했다. 유일한 초강대국 지위에 올랐지만,

소련군의 수렁이었던 아프가니스탄에서 군사작전을 마무리하지 못했다. 이라크전쟁은 재앙이 되었다. 제2의 베트남전이 될 것이라는 경고에도 첨단 군사장비로 즉각 제압할 것이라던 호언장담이 무색하게 되었다.

콜코는 군사력 만능시대는 끝났다고 보았다. 값비싼 첨단무기를 내세워 오만과 독단에 빠져 있을 때, 가난한 나라는 유효한 값싼 무기들을 쉽게 손에 넣을 수 있다. 미국이 특정국 정권을 군사적으로 붕괴시킬 수는 있어도, 그로 인해 파생된 작은 무장집단들의 게릴라전은 효과적으로 제압하지 못한다.

이들의 비관적 전망은 기실 미국의 반성을 기대한 충심 어린 고언이다. 갈퉁은 몰락의 경고와 함께 "미국이 역동성, 자유와 진보를 옹호하는 전통, 생산성과 창조성, 코스모폴리탄 전통 등을 바탕으로 돌파구를 열 수 있다고 제안했다."(『연합뉴스』, 같은 기사) 추아는 인종적·종교적 관용을 유지할 것을 충고했다. 콜코는 상황 변화와 위기의 현실을 직시할 것을 호소했다.

최근 북한 김정은과 미국 도널드 트럼프 사이에 매우 거친 언사들이 오고 갔다. 우리는 전쟁의 파멸적 결과를 경험했다. 지금도 분열과 증오라는 심각한 전쟁 후유증을 겪고 있다. 전쟁으로 우리 운명을 개선할 수 없다. 갈수록 군사적 수단의 한계가 분명해지는 것을 직시해야 한다. 군사적 수단은 정치·외교적 수단의 보조수단일 뿐이다.

주제넘게 미국을 걱정하는 것이겠는가. 우리의 운명이 걱정스러워서다. 더욱이 북한의 상황은 우리의 운명과 분리될 수 없지 않은가.

(다산포럼 2017-08-22)

• • •

제국의 몰락은 인종적·종교적 관용의 상실로부터 온다는 주장에 공감이 갔다. 트럼프의 등장을 미국 퇴락의 신호로 여기는 사람이 꽤 있는 것 같다. 트럼프가 대통령이 된 상황도 문제지만, 대통령 재임 기간에 문제가 심화된 것도 걱정이다. 일단 바이든에 의해 멈춰졌지만, 걱정은 가시지 않는다.

북미 회담, 낙관과 비관 사이에서

드디어 내일이다. 6월 12일 싱가포르 센토사섬에서 미국 대통령 도널드 트럼프와 북한 국무위원장 김정은이 만난다. 세계는 두 사람의 '예측불허의 담판'을 주목하고 있다. 우리 또한 거리엔 지방선거의 벽보와 현수막이 나붙어 있지만, 눈과 귀는 싱가포르 북미 회담에 쏠릴 수밖에 없다.

과연 1950년 한국전쟁 이래 미국과 북한 사이의 적대적 관계를 청산할 수 있을까. 북미관계의 정상화로 남북관계 개선이 근본적으로 가능해지고 한반도가 획기적으로 변화할 수 있을까. 회담 결과는 한반도의 운명뿐만 아니라 동북아 질서에도 결정적이고 심대한 영향을 미칠 것이다. 참으로 '세기의 회담'이라 할 만하다.

회담이 잘되길 기대한다. 일본에 있던 손기정이 베를린 대회에 참석할 때 부산으로 와서 기차를 타고 베를린까지 갔다든가, 근대의 신여성으로 꼽히는 나혜석이 파리에 갈 때 기차를 타고 갔다든가 하는 사실이 최근 새삼 얘기된다. 그것이 다소 생소하게 들린다는 것은 우리의 시공간 의식이 얼마나 좁아졌는가를 깨닫게 해주는 대목이다. 머지않아 우리가 부산에서 런던까지 기차로 여행하는 걸 상상해보면, 한껏 기대가 부푼다.

이런 분위기에 함부로 샴페인을 터뜨리지 말라는 경계의 발언도 들린다. 그 근저에는 북한에 대한 뿌리 깊은 불신이 자리 잡고 있다. 북한이 결코 핵을 포기하지 않으리라는 것이다. 유보적 비관론도 있다. 두 사람이 그동안 공들인 회담을 망쳐서 스스로의 이미지를 망치길 원하진 않기 때문에, 1차적 만남은 어떻게든 성공적인 모양으로 끝날 것이지만, 그다음엔 예전처럼 기대와 배신, 도발과 좌절을 되풀이하리라는 것이다.

그동안 과정을 보면, 결과를 쉽게 낙관만 할 수는 없다. 이미 우리는 두 지도자가 만나기까지 롤러코스터를 경험했다. 거친 언사가 대화 분위기로 바뀐 것은 얼마 되지 않았다. 며칠 전에는 정상회담을 취소한다는 발언이 나오기도 했다. 회담에 임박하여 나오는 뉴스 논평에서도 '돌발변수가 없는 한'이란 단서를 붙이기도 한다. 여기까지 온 것만 해도 대단하다는 생각이 들 정도다.

낙관적 요소는 회담의 두 주역이다. '거래의 달인'을 자임하는 트럼프는 어떻게든 가시적인 성과를 보여주려 한다. 미국 본토를 향한 핵위협을 제거하고, 역사적인 평화를 성취하는 것이다. 김정은으로서는 정권을 유지하려면 경제발전을 이뤄야 한다. 중국이나 베트남 같은 경제발전을 도모하는 것이 한낱 선택사항에 그칠 수 없다. 그러려면 반드시 미국의 제재와 군사적 위협에서 벗어나야 한다.

회담의 쟁점은 비핵화와 북한 체제 보장으로 압축된다. 그러나 좀 더 들어가면, 그 의제의 범위를 어디까지 획정하느냐에 따라 합의 가능성이 달라진다. 또한 이행의 시간을 어느 정도로 설정하느냐, 또는 주고받는 이행의 단계를 어떻게 설정하느냐도 문제다. 상호 검증하고 신뢰를 쌓으면서 항구적인 목표로 나아가는 시간표로서 기능을 결정하기 때문이다.

어차피 한 번의 담판으로 모든 게 결정되지 않을 것이라고 예고된다. 큰 틀의 합의만 결정되리라는 것이다. 일회일비할 것은 아니다. 잘되면 기뻐하되, 호사다마를 경계하며 후속작업으로 실체적 성과를 만들어내야 할 것이다. 반대로 잘 안 되면 너무 낙심 말고, 이제까지를 복기하면서 전보다 나은 시작점을 찾아 다시 이어나가야 할 것이다.

운명이란 내가 결정하는 것과 하늘이 결정하는 것으로 구성된다. 내가 결정할 수 있는 영역을 최대한 넓히고, 그 영역에서만큼은 최선을 다하는 것이 사람의 할 일이다. 그러고 나서 하늘의 결정을 기다리는 것이다. 한반도의 운명도 마찬가지다. 우리의 의지만으로 안 된다. 우리의 운명을 더 이상 과거에 가둬두지 않으려면, 주어진 변화의 기회를 잘 포착하여 민첩하게 행동해야 한다.

변화의 기회가 항상 오지는 않는다. 분열된 독일의 통일을 완성한 명재상 비스마르크(Bismarck)의 말이 최근 인용되곤 한다. "정치가는 혼자서는 아무것도 만들 수 없다. 기다리면서 잘 듣고 있다가, 사건들 속에 신의 발자국 소리를 들으면, 뛰쳐나가 신의 옷자락을 붙잡아야 한다."

북미 회담이 잘되길 기원한다.

(무등일보 2018-06-11)

• • •

북미회담을 둘러싸고 이후에 몇 편 더 썼다. 상황의 진전에 따라 더 쓴 것인데, 북미회담을 바라보는 필자의 기본 생각은 이 글에 대략 담겨있기 때문에 이 글만 싣기로 했다. 트럼프의 쇼맨십이 동력이 되기도 했지만, 당초 마음이 없었지 않나 하는 생각도 든다. 모든 일은 의지와 함께 시운도 필요하다. 평화로 가는 길을 멈출 수 없다. 그 길이 쉽지는 않겠지만.

외국인 인구가 늘어난다니

우리 주변에 외국 사람이 많이 보인다. 관광객도 많지만, 일자리를 찾아온 외국인도 많다. 요양병원에 가보면 '조선족(?)' 간병인이 눈에 띄고, 작은 도시에 가보면 중앙아시아 출신 노동자인 듯한 청년들과 마주친다. 농촌에 가면 한국어를 열심히 익히려는 '며느리' 여성을 만나기도 한다. 통계에 따르면 2017년에 우리나라에 거주하는 외국인 수가 약 147만 9천 명이었고 매년 증가 추세다. 국적별로 보면, 중국인, 베트남인, 태국인 순이었는데, 이른바 '조선족'이라 불리는 한국계 중국인이 3분의 1이었다.

이러한 변화 속에 일자리 부족을 엉뚱하게 외국인 탓으로 돌리며 혐오를 부추기는 사람이 있다. 그들의 이야기를 들어보면 사실관계도 논리도 전혀 맞지 않고 맹목적인 불평이다.

우리는 스스로 단일 혈통과 단일 언어의 단일민족이란 인식을 갖고 있다. 중국이나 미국과 같이 다민족국가 또는 다인종국가가 사회적·정치적으로 갖가지 충돌을 겪는 걸 보면 우리는 참 다행이라는 생각이 들곤 했다. 그런데 우리는 과연 우리가 생각하는 것처럼 순수한 단일민족일까?

우리가 한 민족이라는 의식은 오래되지 않았다. 그것은 통일신라와 고려라는 오랜 통일왕조를 거친 후 몽골제국의 침략을 받고 나서였다. 몽골 침략 이전에는 고려왕조가 약해지자 지역에서 반란이 일어나면서, 각기 신라·백제·고구려를 계승한다고 표방했다.

그러나 몽골의 침략을 당하여 40년(1231~1270)의 치열한 대몽항쟁을 치르면서 '삼국 분립의식'은 사라지게 된다. 대신 '삼국 일통(一統) 의식'으로 바뀌었다. 공동체 존립을 위태롭게 하는 외부의 힘에 대항하여 내부의 작은 차이는 문제가 되지 않게 된 것이다. 그 의식은 이른바 '단군'과 '기자'로 구성되었다. 단군 시조는 우리의 고유성을 상징하고, 기자는 보편성 내지 문명을 상징했다. 지금은 기자가 낯설지만, 중국 역사책에 나온 위인으로 동쪽으로 간 인물이다. 중국 중심의 질서 속에서, 단군과 기자란 존재를 통해 주체성과 세계성을 적절하게 결합한 것이었다. 요컨대 단군을 시조로 하는 반만년 역사라는 의식은 약 700년 전에 생긴 것이다.

언어학자들의 분석에 의하면 우리 언어엔 북방계 언어와 남방계 언어가 섞여 있다고 한다. 먼 옛날 북방에서 이동했던 우리의 조상은 모래바람을 견뎌내느라 눈이 작았을 것이다. 바다를 통해 남방에서 이동해 왔던 우리의 조상은 상대적으로 이목구비가 뚜렷했으리라. 그 후로도 중국대륙과 북방에서 간헐적으로 크고 작은 무리들이 한반도로 이주해서 먼저 와 살고 있던 사람들과 섞였을 것이다. 순수

혈통이란 있을 수 없었다. 결단코.

언어를 비롯한 문화적 동질성은 공동체 요소로 매우 중요하다. 그러나 가령 조선시대 노비에게 민족이니 국가가 무슨 의미가 있었을까. 어떻게 보면 우리가 몽골의 침략에 고통받고 일본의 침략에 고통받으면서, 역사적으로 공동체의 운명을 구성원이 함께하면서 민족이니 국가니 중요한 의미를 갖게 된 것이리라.

외국인 혐오에서 옛날 신분 차별이나 식민지 시대의 차별, 오늘날 '을의 갑질'이 연상되는 것은 무슨 까닭일까. 말투가 다르다고 혐오할 수 없고, 국적이 다르다고 고통을 주어도 되는 것은 아니다. 약 100년 전 3·1독립선언서에서도 우리의 독립을 모든 인류의 공존동생권(共存同生權)에서 그 정당성을 찾았다.

글로벌 시대에 한국인이 외국에 나가 취업하는 경우가 늘어나듯 외국인이 한국에 들어와 일하는 경우도 늘어날 것이다. 머지않아 외국인 200만 명, 300만 명 시대가 닥칠 것이다. 급격한 인구감소와 인구절벽에 접어든 이때, 오히려 외국인의 필요성은 더 커질 수 있다.

귀화인과 체류 외국인, 이들은 국적이 달랐거나 달라도 모두 우리 공동체의 일각을 이루고 있다. '함께 살아가는' 존재란 의미다. 국적에 따른 법의 보호에는 차이가 있을지 모르나 인간으로서 당연히 지켜줘야 할 권리나 경제주체로서 향유해야 할 권리는 부정될 수 없다. 서로 의지하고 더불어 살아간다는 자세가 중요하다. 우리 공동체와 그 모든 구성원을 위해서.

(경남신문 2018-09-17)

•　•　•

　단일민족이란 것은 신화일 뿐이다. 지금이야 '기자'의 의미가 소멸했지만, '단군'이란 고유성과 '기자'의 보편성을 결합했던 조상의 지혜는 높이 평가할 만하다. 공동체의 존립도 중요하지만, 공동체의 개방성을 통해 에너지를 모을 필요도 있고, 더 큰 공동체와 조화로운 관계를 갖는 것도 매우 중요하다.

일본은 왜 패망했는가?

제국 일본은 왜 패망했는가? 그것은 '근대의 부족' 때문이다. 이게 무슨 소리인가? 우리에게 그토록 뿌리 깊게 근대화 콤플렉스를 심어 준 일본이 근대성이 부족했다니.

일본 도쿄대 법학부 정치학과 학생인 마루야마 마사오는 한참 논문을 쓰고 있었다. 1944년 7월 초 갑자기 그에게 군대 소집 영장이 날아왔다. 남은 기간은 겨우 일주일. 서둘러 논문을 마무리하고 있을 때, 그의 '출정'을 위해 이웃들이 일장기를 들고 찾아왔다. 어머니와 아내는 이웃에게 음식을 대접했다. 결혼한 지 3개월밖에 안 된 때였다. 논문은 전선으로 출발하는 그날 아침에야 신주쿠역에 배웅 나온 동료에게 건네주었다.

마루야마는 신병 훈련을 받으러 머나먼 한국의 평양으로 향했다. 1944년 7월이란 시기는 살아 돌아올지 거의 기대할 수 없었던 절박한 시기였다. 일본이 오죽했으면 도쿄대 학생까지 전선에 투입했을까. 그는 논문을 '유서'처럼 남기고 떠났다고 회고했다.

그 논문을 비롯하여 이후 논문에서 계속된 그의 문제의식은 태평양전쟁의 개전과 패배 그리고 대일본제국 붕괴의 원인과 관련되었다. 메이지 유신 이후 일본이 표면상 근대화를 이루면서도 실제로는 여전히 전근대적·봉건적 체질이 있었다는 것이 그의 판단이었다. 천황 주권의 총체인 이른바 '국체(國體)'라는 것이 절대 권위를 휘두르면서도 누구도 책임지지 않는 설정이라는 것, 일본의 근대가 서구의 근대를 모델로 본떴는데도 서구의 근대와는 동떨어진 독특한 것이라는 게 그의 논지였다. 서구 근대 시민사회를 기준으로 했다는 점에 불만인 평가도 없지 않았다.

근대란 무엇인가? 근대는 '시민혁명'과 '산업혁명'의 소산이다. 봉건적 신분 질서를 종식하고, 상하 구별 없이 민족의 이름으로 구성원을 단결시켰으며, 공장제 기계생산으로 생산성을 획기적으로 높였다. 공교롭게도 제2차 세계대전의 패전국 독일, 이탈리아, 일본은 모두 민족국가, 자본주의 국가로서는 후발 주자였다. 지도층의 각성과 위로부터의 노력으로 열심히 선진 국가를 따라잡는 데 성공한 듯했지만, 뭔가 빠졌다. 그것은 외부의 식민지가 아니었다. 내부의 변혁, 즉 시민혁명 내지 아래로부터의 변혁이 없었다. 그것은 근대가 누리는 외형적 물질이 아니었다. 근대를 지탱하는 내면적 정신이 결여되었다. 인권과 민주주의를 지킬 시민의 힘이 부족했다. 민주주의와 거리가 먼 파시스트들이 권력을 장악했다.

독일은 바이마르 공화국이 비록 파시스트들에게 유린당했지만, 다행히 그 정신은 패전 이후 더 강한 민주주의의 기초가 되었다. 전쟁

중에 저지른 반인권 범죄에 관해서는 철저하게 사과하고 있다. 일본은 달라 보인다. 자민당이 장기집권하고 있다. 전쟁의 가해자가 아닌 피해자로 행세했다. 아베 정권은 어렵게 이뤄진 사과의 언행조차 물리며 과거로 회귀하려고 한다. 다시 전쟁하는 국가가 되고자 한다.

그런데 이제는 근대화란 것이 우리 세계의 지고(至高)의 가치는 아니다. 이미 경험한 근대화의 심각한 폐단이 더 심각했다. 민족과 국가의 이름으로 젊은이들을 전쟁으로 몰아넣었다. 유럽은 전쟁의 끔찍한 참화를 겪었다. 유럽의 통합은 그래서 전쟁을 종식하기 위한 필연적 노력으로 보인다. 비록 지금 흔들리기도 하지만 반드시 지켜내야 할 평화의 길이 아닌가 싶다. 또한 과도한 공업화가 환경오염을 초래하여 지구의 안위를 심각하게 우려할 만한 상황에 이르렀다. 근대의 폐단을 극복하려는 노력이 중요한 과제가 된 것이다.

동북아 3국은 어떤가. 한편으론 여전히 근대성이 부족해 보이는데, 다른 한편으론 19세기 근대의 어리석음을 저지르려 한다. 위정자들이 걸핏하면 민족 감정을 일으켜 외부의 이슈로 내부적 의도를 관철하려 하고 있다. 일본의 한국 때리기도 그런 성격이 짙다. 그때도 그랬다. 이에 민족 감정으로만 대응하는 것은 과거 회귀를 일조할 수도 있어서 현명하지 않다. '노 재팬'이 아닌 '노 아베'가 되어야 한다는 주장에 공감한다. 일본은 함께 살아갈 이웃이다. 동북아의 평화를 위해, 건강한 공동체 의식과 함께 동북아 시민들의 섬세한 인권의식과 연대의식이 필요한 때다.

(다산포럼 2019-08-20)

• • •

    위 에피소드와 평가는 김석근 교수가 한국어로 번역한 마루야마 마사오의 『일본정치사상사연구』(통나무, 1995)와 송석원이 옮긴 오쿠보 다카키의 『일본문화론의 계보』(소화, 2007)를 참조했다. 마루야마 마사오는 일본의 대표적 정치사상가다. 일본이 외형적으로는 근대화된 것처럼 보이지만, 체질은 전근대적이라는 지적에 공감이 간다. 우리는 근대화 콤플렉스에 벗어나 '근대의 완성'과 함께 '근대의 극복'이라는 과제도 감당해야 한다. 그리고 퇴행적인 일본의 행태를 보면서 반사적인 반응에만 그쳐선 곤란하다. 동북아 시민들의 연대의식을 통해 극복하면 좋겠다.

6부

길을 걸으며

길은 여럿이요, 변하고 통한다

가을 길을 걷고 있다. 삼남대로의 옛길을 따라 서울에서 강진까지 남쪽으로 가고 있다. 아직 붉은빛이 덜 들었지만, 청명한 날씨가 걷기에 좋았다. 들판에 벼가 노랗고, 언덕에 억새가 바람에 부드럽게 흔들리고, 담장 위에 감이 빨갛다.

삼남대로는 한양 숭례문(남대문)을 나서 남하하여 강진·해남을 거쳐 제주도에 이르는 길이었다. 조선시대 9대 또는 10대 간선로 가운데 하나였다. 삼남대로는 호남·충청 지역의 선비들이 과거 보러 올라가는 길이었고, 송시열, 정약용 등이 유배지로 내려가던 길이었다. 또 춘향전에서 어사 이몽룡이 암행하여 내려오던 길이었다.

길은 사람이 많이 다니면 생긴다. 이 점에서 길은 인문이다. 옛글에서 천(天)·지(地)·인(人)에 상응하여 천문(天文)·지문(地文)·인문(人文)이란 용어를 썼다. 문(文)은 무늬라, 천문은 일월(日月)·성신(星辰), 지문은 산천(山川)·초목(草木), 인문은 시서(詩書)·예악(禮樂)을 가리켰다. 산천초목 사이로 사람이 지나다녀 만들어진 길은 지문에 새겨진 인문이라

할 수 있다.

옛 지도를 보면 꾸불꾸불 뻗은 굵은 선의 산맥이 먼저 눈에 띄고 그 사이로 흐르는 곡선의 하천이 있다. 지문이라 할 수 있다. 그 위에 그물처럼 직선으로 뻗은 선이 있다. 사람이 다니는 길이다. 원래 모습과 다르게 직선으로 표현한 것은 산맥·하천과 구별하기 위해서다. 직선은 고을과 고을을 연결하면서 눈금으로 거리를 알려줄 뿐, 길의 모양까지 상세히 보여주진 않는다. 눈금이 촘촘하면 길이 구불구불하거나 가파르다는 것을 의미한다.

길은 변한다. 전통시대에도 길은 변했지만, 근현대 들어 길은 급격한 변화를 겪었다. 근대에 포장된 신작로가 나고, 현대에 고속도로가 건설되어 옛길은 밀려났다. 삼남대로 옛길을 찾아 걷다 보니, 옛길은 새길로 변모하거나, 새길 옆에 작은 길로 이용되거나 이용되지 않아 버려지기도 했다. 골프장이나 아파트, 호수에 막혀서 끊어지기도 했다. 그런가 하면 자동차가 질주하는 새길에 밀렸던 옛길이 오늘날 걷기 좋은 길로 주목받고 있다.

걷는 길에서 눈에 띄는 것이 '삼남길'이란 표지였다. 삼남길은 조선시대 삼남대로에 근거하여 정한 도보 여행길이다. 표지는 '아름다운 도보여행(대표 손성일)' 회원들이 붙여 놓은 것이다. 삼남대로 옛길을 조사하여 옛길을 살리되 걷기 불편한 구간은 근방의 걷기 적합한 길로 대체한 것이 삼남길이다. 전남, 경기 구간에 이어, 앞으로 전북 구간만 마치면 전 구간이 이어진다. 이번에 도보여행 카페가 헤아리기 힘들 정도로 많다는 사실을 알았다. 과연 길과 걷기가 대유행이었다.

길은 여럿이다. 전통시대에도 길은 꼭 하나만이 아니었다. 고갯길에는 평탄하게 돌아가는 길과 가파르지만 가로지르는 길이 있어 사람에 따라 달리 이용되었다. 현대에도 명절날 고속도로가 막히면 우회로가 있듯이 길은 여럿이다. 충남에서 전북으로 넘는 차령고개길, 또 전북에서 전남으로 넘는 갈재길 구간에서는, 산을 넘는 길에서 포장된 국도와 터널을 통과하는 고속도로, 그리고 기찻길을 한꺼번에 볼 수 있었다. 사람이 걷던 옛길, 근대의 포장도로, 현대의 고속도로가 공존했다. 이제 속도 일변도의 길에서 벗어나 옛길과 새길은 각자 나름의 가치를 인정받을 때가 되었다.

길을 걷다 보니, 그동안 자동차나 기차를 타고 빠른 속도로 지나쳤던 지역의 모습이 다시 보인다. 전라북도 지역에선 여러 종교의 포교 활동이 유난히 활발했다는 것이 눈에 띄었다. 이 지역 농민들 삶이 더 곽곽해서 그랬을까. 평야지대의 특성상 길이 잘 통했던 것도 원인이 아니었을까.

길은 통(通)한다. 경계를 넘어 이곳과 저곳을 연결하는 것이 길이다. 평야 지대에서는 고을과 고을을 연결하는 길이 쉽게 만들어진다. 산과 강으로 가로막혀 있어도 길은 통한다. 고갯길을 넘어, 나루터를 지나 연결된다. 문제는 인위적으로 끊긴 길이다. 조선시대 중국으로 향했던 의주로, 금강산 구경하러 가던 길이었던 경흥로는 끊겨 있다. 남북분단의 비극이다.

사라진 듯한 옛길도 새길 속에 살아 있거나, 시대가 바뀌어 새롭게 부활하기도 한다. 언젠가 의주로, 경흥로도 통할 날이 올 것이다. 그

때는 도보여행자가 기차를 타고 부산에서 파리까지 다니면서 각지의
정거장을 거점으로 도보여행을 즐기겠지. 아예 걸어서 부산에서 런
던까지 가는 도보여행자도 있겠다. 도보여행자가 어디든 다닐 수 있
는 세상! 참으로 평화로운 세상이리라.

(실학산책 2014-10-24)

• • •

2014년 '공공도서관 길 위의 인문학' 사업책임자로 옛길 걷기를 기
획하여 시행·참여하면서 쓴 글이다. 전통사상에서 매우 의미 있는 단
어가 도(道)인데. 다름 아닌 길이다. 길의 속성이 도에 관한 시사점을
주는 듯하다. 도보여행자가 어디든 다닐 수 있는 세상이라면 살 만한
세상일 것이다. 전쟁도 전염병도 걱정하지 않는 세상일 테니까. 코로
나 19로 여행길이 막힌 요즘이라 더욱 그런 생각이 든다.

중국인문기행에서 만난 두 인물, 범려와 채원배

소흥(紹興, 사오싱) 일대를 다녀왔다. 송재소 교수가 이끈 다산연구소의 '중국인문기행'이었다. 중국 절강성(浙江省, 저장성)에 속한 소흥은 2,500년 전 춘추시대 월(越)나라의 근거지로, 유명한 와신상담(臥薪嘗膽)의 배경이 된 지역이다.

이곳은 오랜 역사만큼이나 많은 역사 인물들을 배출했다. 미인 서시(西施)와 하지장(賀知章)·육유(陸游)·서위(徐渭)·서석린(徐錫麟, 쉬시린)·채원배(蔡元培, 차이위앤페이)·노신(魯迅, 루쉰) 등이 이곳에서 태어났다. 이곳과 연고가 깊은 사람으로는 범려(范蠡)·왕희지(王羲之)·추근(秋瑾, 치우진)·주은래(周恩來, 주언라이) 등이 있다. 그 가운데 특히 두 인물이 필자의 관심을 끌었다. 바로 범려와 채원배였다.

춘추시대에 이곳 소흥에 근거지를 둔 월왕 구천(句踐)은 무리하게 오나라를 공격하다 패했다. 구천은 마지막에 회계산에서 포위되어 항복했다. 월나라는 20년을 도모하여 마침내 오나라를 멸망시키고 회계산의 치욕을 갚았다. 이렇게 구천이 재기하는 데는 함께 고초를 겪으며 보좌한 범려의 도움이 컸다. 나아가 구천은 중원을 호령하는 패자(霸者)가 되었고, 범려는 상장군이 되었다.

그런데 범려는 보상과 지위에 안주하지 않았다. 본디 초나라 출신인 그는 구천의 만류를 뿌리치고 월나라를 떠났다. 제나라로 가서 '치이자피(鴟夷子皮)'로 이름을 바꾸고, 바닷가에서 농사를 지어 많은 재산을 모았다. 제나라 사람들이 그의 현명함을 알고서 상국(相國)으로 삼았다. 범려는 존귀한 이름을 오래 갖는 것이 상서롭지 못하다 여겨 재산을 나눠주고 또 떠났다. 도(陶) 땅에 이르러서는 천하의 교역 중심지라 여겨 이곳에 머물렀다. '도주공(陶朱公)'으로 이름을 바꾼 범려는 상업에 수완을 발휘하여 또 많은 재산을 모았다.

사마천은 '월왕구천세가'와 '화식열전'에서 범려에 관한 얘기를 상당 부분 할애했는데, 세 차례 떠나면서도 머문 곳마다 공적을 쌓은 인물로 높이 평가했다. 범려의 현명한 처신은 그와 함께 구천을 도왔던 문종과 비교되었다. 제나라로 떠난 범려가 문종에게 편지를 보냈다. "새가 모두 사라지면 활은 거두어지고, 토끼가 모두 죽으면 사냥개는 삶아지는 법이요. 구천의 사람됨이 환난은 함께해도 즐거움은 함께할 수 없거늘 어찌 그대는 떠나지 않소." 범려의 걱정대로 문종은 말로가 좋지 않았다.

필자의 관심을 끈 또 한 인물은 채원배였다. 소흥에서 태어난 그는 청조 말에 과거에 합격하여 한림원의 관직에 나갔다. 그러나 관직을 그만두고 교육과 혁명 활동에 종사했으며, 유럽 유학을 다녀온 후 베이징대학 학장(총장)을 맡아 대학을 변모시켰다(1916~1926).

그는 교수를 모으는데, 실력을 위주로 하여 학력, 연령, 정치적 성향에 제한을 두지 않았다. 이때 진독수(陳獨秀, 천두슈), 호적(胡適, 후스), 이대교(李大釗, 리다자오), 노신(魯迅, 루쉰) 등 새로운 사상을 지닌 교수들이 베이징대학에 들어왔고, 베이징대학은 반봉건 계몽운동인 신문화운동의 중심지가 되었다.

관리가 되어 재산이나 모으려던 학생들의 의식도 일신했다. 그는 취임사에서 구학(求學)을 제일로 내세웠다. 다만 학생들의 구국(救國) 활동은 용인했다. 1919년 학생들은 서구열강과 일본의 침략에 분노하고 군벌정부의 매국적 행위를 규탄하여 일어섰는데, 바로 5·4운동이다. 군벌정부가 "베이징 학생들의 행동은 베이징대학이 책임져야 하고, 베이징대학의 죄는 채원배 한 사람이 책임져야 한다"라고 말했다는데, 채원배의 역할을 짐작할 수 있다. 그는 '5·4운동의 아버지'였다.

능력도 없이 지위를 바라고, 책임감도 없이 권력의 단맛에 취하기 쉬운 게 세태다. 춘추시대 마지막 패권국을 만든 실력과 공적에도 불구하고 권력과 명성에 빠지지 않았던 범려의 지혜로움을 되새겨본다. 1919년 3월 우리 학생과 민초들은, 백성을 팽개친 왕국의 위정자를 대신하여, 민국의 주인으로 나서 독립국임과 자주민임을 온몸으로 선언했다. 같은 시기 새로운 중국사회의 모색과 건설을 위해 인재를 모으고 지식인의 사명을 다했던 채원배를 주목하지 않을 수 없다.

부지런히 송 교수를 따라다녔던 중국인문기행. 저녁시간에는 동행들과 소흥주를 기울이다 화제는 자연스레 우리 역사로 옮겨가곤 했다.

바다를 건너 제주와 광주, 바로 위를 날아돌아오는 비행기에서 필자는 생각했다. 역사에서 긴요한 것은 결국 사람이다. 또한 어느 정도의 시간이 필요하다.

(다산포럼 2016-05-24)

• • •

필자가 송재소 교수의 '중국인문기행'에 처음 참가한 여행이었다. 소흥 지역은 인문기행하기 매우 알찬 곳이었다. 와신상담의 고사에 등장한 인물로, 실력과 공적이 있음에도 지위와 이름에 초탈한 범려는 참으로 매력적인 위인이다. 그리고 중국 5·4운동의 아버지 채원배를 이곳에서 만난 것은 뜻밖이었다.

시대에 따라 힘쓸 과제

중국 후난(湖南)성 창사(長沙)에 다녀왔다. 그곳은 마오쩌둥[毛澤東, 1893~1976]의 도시였다. 창사에는 마오가 청소년기를 보낸 학교가 있었다. 창사를 가로지르는 샹쟝[湘江] 가운데 떠 있는 섬, 주쯔저우[橘子洲]에는 거대한 마오의 흉상이 우뚝하다. 곳곳에 마오의 기념물이 있었다.

'창사에서 약간 떨어진 사오산(韶山)에 있는 마오의 옛집을 찾았다. 마오의 유적지를 찾는 사람들이 장사진을 이뤘다. 이곳에서 창사 쪽으로 20km, 차량으로 40분가량을 가면 류사오치[劉少奇, 1898~1969]의 옛집이 나온다(닝샹, 寧鄕). 류사오치는 마오와 함께 신중국 건설의 주역이었다. 류는 마오에 이어 두 번째로 국가주석 자리에 올랐다. 두 사람은 동향(同鄕)의 동지였던 것이다.

그러나 두 사람의 운명은 충돌했다. 1958년에 시작된 마오의 대약진운동이 참담하게 실패했다. 그 책임으로 마오는 한발 물러났다. 실권을 장악한 류사오치는 덩샤오핑[鄧小平, 1904~1997] 등과 함께 경제

건설에 나섰다. 마오는 반격을 꾀했다. '계급투쟁'과 '백화제방'을 명분으로 이념투쟁을 부추기고, 청소년들을 동원해 류사오치 등을 공격하게 했다. 1966년에 시작된, 이른바 '문화대혁명'이었다. 류사오치와 덩샤오핑은 '주자파(走資派)의 수괴'로 몰렸다. 류의 아내 왕광메이[王光美, 1921~2006]는 군중집회에 끌려 나와 모욕당했으며, 미국 스파이라는 죄명이 씌워졌다. 류는 격리되어 심신이 무력화된 가운데 죽었다.

죽(竹)의 장막 속에서 문화대혁명(문혁)의 소식이 처음 흘러나왔을 때, 혁명정신을 유지하기 위한 자기혁신의 모습이라는 평가도 있었다. 그러나 훗날 그것은 마오의 권력욕에서 비롯된 대재앙이었음이 판명되었다. 참담한 경제실패를 가리기 위해 이념투쟁을 전개했고, 이로 인해 더욱 엄청난 재앙을 불러일으켰다. 마오의 시대를 거쳐 다음 시대의 과제에 힘써야 할 때 마오의 권력욕이 이를 지체시킨 것이다.

결국 마오도 죽고 문혁도 끝났다. 덩샤오핑이 재기하여 상황을 종결하고 경제건설에 돌입했다. 덩이 이끈 중국은 마오의 과오를 명확히 한 데서 가능했다. 덩은 신중국 건설에 대한 마오의 공적 또한 인정했다. 류는 1980년 복권되었다. 1987년 중국화폐 초상인물로 마오와 류가 등장한 것은 상징적이다.

옛글을 읽다 보면 '시무(時務)'란 말이 나온다. '그 시대에 힘쓸 일' 또는 '시대적 과제'란 뜻이다. 시무는 시대에 따라 달라진다. 율곡 이이는 시무를 창업·수성·경장으로 나누어 설명하기도 했다. 역사를 돌아보면, 디딤돌 구실을 했던 사람이 나중에 걸림돌이 되는 사례를 적잖게 찾을 수 있다. 해방자가 또 다른 억압자가 되는 사례도 있다. 사람이 변하거나 그의 역량이 한계에 부딪힌 것도 있겠지만, 시대가 바뀐 탓일 수 있다.

세상사란 자신이 일조하여 이뤄낸 변화 때문에 오히려 자신은 떠나야 하는 경우가 있다. 시대가 바뀌면 힘쓸 바가 달라지고, 그에 맞는 적임자도 달라진다. 그런데도 한때의 성취에 도취하여 자기만이 시대적 과제를 해결할 것을 자임하는 것은 헛된 미련이거나 오만한 독선일 수 있다.

우리 사회는 산업화와 민주화를 압축적으로 달성했다고 자랑해왔다. 그럴 만하다. 또한 산업화 세력과 민주화 세력을 거론하면서 대한민국 발전에 기여한 공로자로 칭송하기도 한다. 산업화 세력과 민주화 세력의 구성원이 다르긴 하지만 병렬적으로 거명함으로써 우리역사의 통합적 발전에 도움이 된다고 필자는 생각한다.

그런데 이러한 병렬적 표현이 가끔 주저될 때가 있다. 그것이 권력을 유지하려는 자와 진입하려는 자의 야합에 불과할 수 있다는 생각이 들 때도 있는 것이다. 개발독재식 경제전략이 지금에는 통하지 않고, 과거의 민주화투쟁만 자랑하며 안주하기엔 지금의 민주주의를 위해 노력해야 할 일이 많다. 이제 더 이상 과거의 낡은 사고와 전략에 머물러 있을 수는 없는 노릇이다. 과거 한때의 행위와 성취는 칭찬할 만한 것이긴 하지만, 그것이 전부라면 궁색하다. 과거의 그것이 그대로 지금의 문제를 해결해줄 수는 없기 때문이다.

중국인문기행으로 창사를 다녀와서, 곧바로 다른 일로 상하이에 갔다. 20년 만에 방문한 상하이의 더욱 높아진 고층빌딩이 인상적이었다. 덩샤오핑이 주도한 중국의 성취는 괄목상대할 만하다. 그러나 높은 만큼 그늘이 있다. 중국은 성취 이후의 다른 과제에 봉착한 것이다.

우리는 과거의 성취에 안주해서는 안 된다. 시대는 바뀐다. 과거의 성취를 공고히 하고 더 나은 미래로 나아가야 한다. 우리 시대에 힘쓸 과제는 무엇인가?

(다산포럼 2017-07-18)

• • •

2017년 중국인문기행으로 창사를 비롯한 후난성 일대를 다녀왔다. 자연스럽게 그곳의 대표적 인물을 중심으로 역사를 돌아볼 기회가 있었다. 시대가 인물을 만드는가, 인물이 시대를 만드는가? 상호 규정적이면서도 역동적인 관계다. 그리고 '시무(時務)'란 말이 함축하듯 시대에 따라 힘쓸 과제도 해법도 달라진다.

광둥성에서 만난 인물들

광둥[廣東]성에 간 까닭은 그곳이 따뜻해서였다. 송재소 교수의 중국인문기행을 겨울에 하면서, 장강을 따라 서진하던 코스는 남쪽으로 선회했다. 광둥성은 영상 20도 정도로 따뜻했다. 중국 남쪽의 관문인 광둥성은 성도가 광저우[廣州]이고, 홍콩·마카오가 인접해 있다.

이번 기행지에서 등장한 인물이 임칙서(林則徐, 린쩌쉬, 1785~1850), 홍수전(洪秀全, 홍쉬취안, 1814~1864), 강유위(康有爲, 캉유웨이, 1858~1927), 양계초(梁啓超, 량치차오, 1873~1929), 손문(孫文, 쑨원, 1866~1925) 등이었다. 중국 근대 변혁기의 주요 인물들이었다.

기행 3일째 찾았던 아편전쟁박물관의 주인공은 임칙서였다. 그는 푸젠[福建]성 출신이지만, 광둥성에서 역사의 한 장면을 장식했다. 그는 강직하고 청렴한 관원이었다. 그는 아편 엄금을 주장했다. "아편으로 인해 수십 년 뒤에는 중원에서 적을 막는 병사가 없을 것이며, 군비에 쓸 은(銀)도 사라질 것이다."

임칙서는 흠차대신으로 임명되어 광저우에 갔다. 그는 중국 아편

상인에게 단호하게 조처했지만, 외국의 아편 상인에게는 신중했다. 영국 여왕에게 아편의 폐해를 들어 도의로써 호소했고, 상인에게 아편을 넘겨줄 것을 요청했다. 궁지에 몰린 아편 상인은 일단 아편을 내놓았다. 임칙서는 아편 2만 상자(237만근)를 후먼[虎門]에서 20일간 불태웠다. 그 역사적 장소에 건립된 박물관의 그림과 동상이 말하는 것처럼, 임칙서는 정정당당했고, 또한 승리한 듯 보였다.

박물관 안의 한 면에는 영국 의회에서 글래드스톤(William Ewart Gladstone)이 연설하는 장면이 그려져 있다. 그가 당시 아편 거래를 위한 전쟁을 반대했기 때문이다. 그는 도의의 편이었다. 그러나 영국은 전쟁을 일으켜 중국을 굴복시켰다. 청 왕조는 중국을 지키지도 임칙서를 지켜주지도 못했다. 도의의 세상이 아니었다.

청 왕조의 중국이 기울고 있을 때, 홍수전이란 인물이 등장했다. 몇 차례 과거에 낙방한 그는 스스로 예수의 동생임을 자처하고 배상제회(拜上帝會)를 결성했다. 그의 군대는 순식간에 남경을 함락하고 중국을 뒤흔들었다. 이른바 '태평천국의 난'이었다. 홍수전은 광저우에서 멀지 않은 곳에서 태어났다. 기행 첫날 방문한 홍수전 옛집과 기념관에서 소개하고 있듯이, 후대 역사인물들은 태평천국의 난을 높이 평가했다. 그러나 홍수전은 새로운 시대를 열기에는 국량이 작았다. 리더십의 한계와 내부 분란으로 무너졌다.

이제 중국은 어디로 갈 것인가? 강유위와 양계초가 길을 제시했다. 모두 광둥성 남쪽 출신이었다. 기행 5일째 찾아간 광저우의 구씨서실(邱氏書室) 안에는 강유위가 쓴 '만목초당(萬木草堂)'이란 편액이 걸려 있었다. 일찍이 서양 문물에 관심을 가진 강유위가 이곳에서 강학하며 양계초와 같은 제자를 양성했다. 이곳 표지판에는 만목초당을 '무술변법책원지(戊戌變法策源地)'라고 소개했다. 무술변법의 계책이 시작된 곳이란 뜻이다.

강과 양의 변법자강운동은, 청일전쟁의 패배로 한계를 드러낸 중체서용운동을 대신했다. 그러나 개혁에 돌입한 지 103일만에 막을 내리고 말았다. 이른바 '100일 유신(무술변법)'이다(1898). 입헌군주제 개혁은 그나마도 시행되기 힘들었지만, 한계가 있었다.

이제 혁명을 통한 공화제 수립이 중국의 목표가 되었다. 민족, 민주, 민생을 주장한 손문이 지도자로 부상했다. 그 또한 광저우에서 가까운 향산[香山, 현재의 중산(中山)] 출신이었다. 광저우에는 손문을 기념하기 위한 중산기념당이 있다. 건물 전면에는 '천하위공(天下爲公)'이란 편액이 걸려 있었다. 광저우의 발전상은 격세지감을 느끼게 하지만, 손문이 말한 혁명이 모두 완성되었는지는 모르겠다.

광둥성의 인물들이 중국의 길을 찾아 분투할 때 '나쁜 놈'으로 거명되는 인물이 있었다. 바로 원세개(袁世凱, 위안스카이, 1859~1916)였다. 하남성 출신인 그는 변법개혁운동을 지지하는 듯했지만, 결정적인 순간에 배반했다. 손문의 혁명과정에서도 황제가 되려는 권력욕에 중국의 나아갈 길을 방해했다. 그가 임오군란, 갑신정변 무렵에 조선에 와서 자행한 방자하고 무도하며 시대착오인 행위를 더 말해 무엇하겠는가.

중국 근대에 광둥성에서 출현한 인물들을 보면, 시대적·지리적 환경이 인간의 성장에 미치는 영향이 막대함을 새삼 알 수 있었다. 또한 인간은 홀로 모든 것을 완성할 수는 없고, 함께 만들고 이어 달리며 그 자질과 능력이 향상된다는 생각도 하게 된다.

한 가지 더. 역사 속 옛사람을 만나면서 개인의 품성과 자질을 생각해본다. 큰 역사적 흐름 속에 일개인의 선과 악이 얼마나 영향을 미치랴. 하물며 선악이란 것도 일도양단하기 어려운 것인데. 그럼에도 사람이란 도의와 양식이 있어야 하지 않겠는가 하는 생각이다. 아무리 국가의 일이 시스템에 의해 움직인다고 하지만, 구체적으로 임무를 수행하는 인물에 따라 많은 차이가 생긴다. 동서고금이 다르지 않다. 나라 안팎의 뉴스를 장식하는 정치지도자들이 하나둘 떠오르니 마음이 편치 않다.

(다산포럼 2018-02-13)

· · ·

지정학적 이유였을까. 광둥성 출신 가운데 변혁의 주역으로 등장한 인물이 많았다. 그런데 같은 역사적 조건 속에서도 인간의 모습은 다양하게 나타난다. 이 글을 쓸 때 나라 안팎의 지도자들을 머리에 떠올랐다. 지도자라면 어느 정도는 도의가 있었으면.

기차 타고 부산에서 런던까지

　몇 해 전 옛길 걷기에 참가했다. 삼남대로와 영남대로의 옛길을 걷는 것이었다. 호젓하게 걸을 만한 옛길은 많지 않았다. 새로운 자동차도로가 그 위에 지나갔기 때문이다. 한번 난 길은 시대가 바뀌어도 길로서의 기능성을 그대로 견지하는 모습이 신기했다.

　구불구불한 길이 직선화되면서 남은 옛길을 몇 군데 찾아 걸었다. 차령고개, 문경새재처럼 주변에 터널이 뚫린 곳은 옛길로 남은 고갯길을 걸을 수 있었다. 고갯길에서 자동차와 기차가 질주하는 도로와 철도를 내려다보면서 격세지감을 느꼈다. 조선시대를 공부하는 필자인지라 수레와 도로에 관한 실학자들의 주장이 떠올랐기 때문이었다.

　연암 박지원이 중국을 여행하면서 주목한 것이 발달한 수레와 도로였다. 우리나라에서는 재화의 이동이 원활하지 못해 한 지방에서 흔한 것이 다른 지방에서는 귀하다며 한탄했다. "사방 수천 리의 나라에서 백성의 살림살이가 이처럼 가난한 까닭은 무엇인가? 한마디로 수레가 다니지 않아서이다. 그 이유를 물어보자. 왜 수레가 다니지 않는가? 한마디로 선비와 벼슬아치의 잘못이다."(『열하일기』)

1897년경 『독립신문』을 읽어보면, 연암이 질타한 도로 사정이 전혀 나아지지 않았음을 알 수 있다. 그 무렵 한국을 방문한 서양 사람들에게 도로 사정은 끔찍했다. 1883년 조선에 온 미국 천문학자 퍼시벌 로웰은 "조선의 길은 도로라는 이름조차 과분할 정도로 빈약하다"라고 말했다. 영국의 이사벨라 비숍은 "여행자들이 도보여행이나 승마여행에 이용하는 길은, 보통 시간당 3마일의 속도를 유지할 수 있을 정도로 열악하다"라고 기록했다. 1900년 러시아가 발행한 『한국지』에도 같은 평가가 있다. "한반도의 북반부를 종횡으로 여행한 루벤초프는 한국과 같이 인구가 조밀한 나라에 국민생활의 동맥이 되는 도로가 이처럼 원시적인 상태에 머물러 있는 나라는 지구상에서 한국 이외에는 찾아볼 수 없으리라고 하였다."(인용문들은 박천홍의 『매혹의 질주, 근대의 횡단』에서 재인용)

열악한 도로 상태는 낙후의 표시였다. 오늘날 도로 사정은 천양지차다. 그런데 최근 남북 정상회담에서 북한의 도로 사정이 화제가 되었다. 김정은 위원장이 한 말이다. "평창 고속열차가 다 좋다고 하더라. 남측의 이런 환경에 있다가 북에 오면 참으로 민망스러울 수 있겠다." 김정은 위원장의 솔직한 발언은 경제발전을 향한 간절한 희망에서 나온 것이었다. 이는 4·27 판문점 선언에 담겼다. "민족경제의 균형적 발전과 공동번영을 이룩하기 위하여…, 1차적으로 동해선 및 경의선 철도와 도로들을 연결하고 현대화하여 활용하기 위한 실천적

대책들을 취해나가기로 하였다."

당장 서해안과 동해안, 그리고 비무장지대(DMZ)가 'H자'로 연결되는 '한반도 신경제 지도' 구상이 가시권에 들어오고 있다. 서해안의 목포-수도권-개성공단-평양-신의주를 잇는 산업·물류 벨트, 동해안의 부산-강릉-원산-청진-나진을 잇는 에너지·자원 벨트, 그리고 비무장지대, 설악산·금강산 등의 관광벨트가 그것이다.

그것만이 아니다. 남한이 '섬 아닌 섬'의 상태를 벗어날 수 있다. 경의선은 중국횡단철도와 연결되고, 동해선은 시베리아횡단철도와 연결되어 저 멀리 유럽철도로 이어질 것이다. 그 효과는 크게 기대할 만하다. 물자가 원활하게 이동하여 경제적 효과가 상당할 것이다. 사람들은 부산에서 런던까지 철길을 따라 여행하며 자유와 평화를 구가할 것이다.

노태우 정부가 동구권 국가에 대해 북방정책으로 적극 대응한 것은 오늘날 높이 평가되고 있다. 평화는 번영을 가져다주고, 번영은 평화를 담보한다. 베를린 장벽이 붕괴된 지 30년이 다 되어가는데, 한반도에는 아직도 냉전의 유산인 분단체제라니.

여름 한 철 사는 쓰르라미는 가을을 모른다. 그래도 계절은 바뀐다. 크고 작은 난관이 있고 뒷걸음질도 있겠지만 큰 흐름을 바꿀 수는 없다. 마침내 길은 다시 이어질 것이다. 언제쯤일까? 바로 이때다. 이때가 아니면 언제이겠는가?

(경남신문 2018-05-02)

· · ·

남북관계에 희망이 보이면서 쓴 글이다. 남북의 철도가 이어져, 기차를 타고 런던까지 가는 꿈을 꾼다. 이 꿈은 끝내 이뤄지리라. 결코 포기할 수 없다.

가을을 걷다

그는 유배지 강진을 떠나 한강 변의 고향 집을 향했다. 다산 정약용의 기약 없던 유배가 풀린 것은, 귀양살이 열여덟 해째인 1818년이었다. 고향길에 오른 것은 그해 음력 9월이었다. 올해 양력으로 치면 10월 중순이다.

그 길은 월출산 누릿재를 넘어, 영산강을 건너고, 장성 갈재를 넘는다. 다산은 정읍과 논산을 지나 공주의 금강에 이르렀을 것이다. 그가 18년 전 겨울 유배지를 향해 남으로 내려가다 금강에 이르렀을 때는, 20여 년 전 아내와 함께 금강을 건너던 10대의 젊은 시절을 추억했다. 18년이 훌쩍 지난가을, 다시 금강을 지날 때는 또 무엇을 추억했을까. 공간과 시간은 이처럼 서로 결합하여 고유성을 부여하며 또한 이어지게 한다.

200년이 지난 후, 그 길을 우리는 걸었다. 길이 똑같을 리 없다. 그래도 둘러싼 산의 능선들과 하늘의 모습, 그리고 햇빛과 바람의 방향은 흡사했으리라. 강진에서 서울로 가는 길은 대체로 직선에 가까웠다.

들판에는 황금빛 물결이 출렁거렸다.

그때 다산의 나이 57세였다. 그는 40대의 전부와 50대의 상당 부분을 유배지에서 흘려보냈다. 그에게 인생의 황금기 또는 빛나던 시절은 언제였을까? 입신양명의 꿈을 키우며 운길산 수종사를 오르내리던 때였을까. 정조 대왕을 만나 인정을 받고 관료로 활약하던 때였을까. 아니, 먼 남쪽 바닷가에 팽개쳐져서도 좌절하지 않고 학문에 매진하던 때였을까. 다산초당에서 엄청난 학문적 축적을 이룬 때였을까. 고향에 돌아와 노년을 유유자적하던 때였을까. 문득 이런 질문을 던지는 것은, 200년 전 다산 선생과 비교하게 되는 내 나이 탓일 게다.

인생의 가장 아름답고 행복한 시절은 세속적인 성취 정도로 정해질 수 없다. 사람들의 선망이나 인정에 따라 정해질 수도 없다. 그것은 덧없는 것이다. 왕자웨이의 영화 《화양연화(花樣年華)》(2000)가 시사하듯이, 흔들리고 심지어 불행했던 때가 아름다운 시절로 추억될 수 있다. 부족하고 미진한 바로 지금이 훗날 '화양연화'로 추억될지 누가 알겠나.

여전히 길은 서울로 통하기에 서울로 가는 길과 교통수단은 다양하다. 도보길에 고속도로와 고속철로가 평행으로 달리고 있었다. 10여 일의 해배길 걷기를 진행하면서, 나는 중간에 도보단 대열을 빠져나와 서울을 왕래해야 했다. 교통수단은 고속철이었다. 교통수단에 따라 속도의 차이를 실감하게 된다. 풍광을 감각하는 것도 이동 중에 생각하는 것도 사뭇 달라진다. 그러나 움직일 수 없는 것이 있다. 공간이동에 속도의 차이는 있을지언정, 어떤 수단으로도 시간의 흐름을 뒤집을 수는 없다.

《벤자민 버튼의 시간은 거꾸로 간다》(2008)에서, 브래드 피트가 분한 주인공은 노인의 모습으로 태어나 아이의 모습으로 죽는다. 시간이 갈수록 젊어지는 기괴한 삶이 과연 축복일까 저주일까. 그렇게 시간을 거꾸로 살지만, 결코 시간을 거꾸로 돌리지는 못한다.

《빠삐용》(1973)에서 스티브 맥퀸이 분한 주인공은 감옥을 탈출하려다 실패해 독방에 갇힌다. 꿈속에서 만난 법정에서 재판관이 그에게 준엄하게 유죄를 선고한다. "너는 인생을 낭비했다!" 그는 더 이상 결백과 무죄를 항변하지 못한다. 이 영화를 기억하는 사람에게 매우 인상적인 장면이었다. 그러나 그런 논죄가 자신을 포함한 그 누구에게 함부로 할 수 있는 것일까?

다산은 고향에 돌아간 후 몇 해 지나 회갑을 맞이하자 자신의 묘지명을 썼다. 죽은 후에 누군가가 잘 써줄 텐데, 왜 스스로 묘지명을 썼을까? 임오년에 태어나 임오년을 맞이한 그는 감회가 자못 컸다. 지난 60년의 생을 돌아보며 매듭짓고, 다시 시작하여 여생을 잘 마치고자 했다.

호남·호서의 서쪽 들판은 제법 넓고 그래서 하늘도 넓다. 저녁 해가 넓은 하늘을 붉게 물들이면, 새들은 떼지어 어디론가 날아가고, 나그네의 마음은 바빠진다. 길 떠나는 새벽의 바쁨과는 다르다. 열린 시간과 길을 향해 서두르는 것과 시간이 닫힘에 따라 길을 서둘러 멈추는 것이 같을 수 없다. 시간이 계속될 것만 같은 낮에는 느끼지 못했던 회한과 아쉬움이 스밀 수밖에 없다.

인생의 봄날은 금세 지나가 버리고, 여름은 시간을 돌아보기 어렵다. 지난여름이 어떠했든 지금은 가을이다. 가을은 짧다. 한창 무르익다가 불꽃을 이루었나 싶더니 순식간에 낙엽으로 흩어지고 말 것이다. 2018년 그 가을을 나는 걸었다.

(다산포럼 2018-10-30)

• • •

그해 10월 중순 다산 해배 200주년 기념행사로 해배길 걷기("강진에서 한강까지 다산과 함께 길을 걷다")에 참여했다. 길을 걸으며 유배가 풀려 귀향길을 지났을 다산 선생을 생각해보고, 유배지에서 이룬 성취를 생각해보았다. 자연스럽게 나 자신을 돌아보면서 생각의 단편을 이 글에 담았다. 이 글을 다시 읽어보면서, 그때 생각이 이후 내게 상당한 변화를 일으켰음을 확인한다. 가을은 짧다.

인문과 무협의 공간에서

중국인문기행은 중국에 관한 나의 공간 감각을 확대해주었다. 중국의 남쪽 오·월 지역과 근대 중국근대사의 현장 광둥성을 다녀왔는데, 이번엔 서쪽으로 껑충 뛰었다. 바로 쓰촨의 청두였다. 바로 『삼국지』의 유비가 '촉한'을 건국하고 도읍으로 삼은 곳인지라 기대가 컸다.

첫날 방문한 삼성퇴박물관은 이곳 지역에 독자적인 고대문화가 형성돼 있었다는 점을 보여줬다. 둘째 날 찾은 도강언은 오랜 역사를 지닌 수리시설이다. 그 옆에 덩샤오핑이 쓴 글씨 '조복만대(造福萬代)'가 눈에 띄었다. 수리사업이 만대에 이르는 복을 만드는 공업이라는 해석이리라.

청두 일대를 돌아보며 이곳이 물산이 풍부한 천부지국(天府之國)임을 확인했다. 정치적 상상력을 자극하는 제갈량의 '천하삼분지계'라는 것도, 그저 양강의 대립에서 쉽게 실현될 수 있는 것이 아니었다. 스스로 믿을 만한 것이 확보되지 않는다면 양강 속에 제3의

존재란 빈말에 불과한 것이다.

여인 설도와 탁문군 이야기가 얽힌 곳을 찾아가고, 『삼국지』와 출사표의 주인공 제갈량의 무후사를 방문하고, 소순·소식·소철의 삼부자의 사당인 삼소사를 찾아가 소식의 '적벽부'를 읊조리고, 두보가 머물렀던 두보초당을 들러 두시를 읊게 하는 것은 인문의 힘이었다.

이번 여행의 절정은 10월의 마지막 날 방문한 아미산이었다. 버스와 케이블카를 이용해 해발 3,000m의 금정까지 올라갔다. 정상 입구에서는 원숭이들이 환영해주었다. 아래로 깊은 계곡이 보이고, 서쪽으로 멀리 흰 눈이 덮인 공가산이 보였다. 아미산에 올라 사방을 둘러보니, 무협지적 상상력이 동했다. 필자가 영화《반지의 제왕》을 보면서 이건 서구의 무협지가 아닌가 여겼는데, 권력을 둘러싼 여러 집단의 갈등과 제휴라는 이야기가 그렇지만, 영화를 찍은 뉴질랜드의 스펙터클한 광경이 무협지적 기분을 더했다.

아미산은 익숙한 이름이다. '아미'는 무협지에 등장하는 문파의 하나이다. 필자가 무협지에 과문하지만 완전 문외한은 아니다. 마침 일행의 한 사람이 중국 무협지의 대가 진용[金庸, 김용]이 사망하여 검색어 순위에 올랐다고 귀띔해주었다. 그의 작품 『소오강호(笑傲江湖)』 이야기는 참으로 강한 인상을 남겼다.

"강호의 일은 이름이 2할, 실력이 2할을 차지하고, 나머지 6할은 흑백 양도 친구들이 체면을 봐주는 데 의존해야 한다." 첫 부분에 등장하는 이 대사는, 사람이란 결코 자신이 잘나서가 아니라 친구들의 도움으로 살아간다는 사실을 상기시켜 주었다.

『소오강호』는 인간성과 권력투쟁에 대한 통찰을 보여줬다. 영호충의 사부이며 정파인 화산파의 장문이었던 악불군의 진면목이 드러난 것은 참으로 극적이었다. '거짓 군자' 악불군의 별호가 '군자검'인 것은 하나의 위선이었던 셈이다. 절대무공의 비급을 얻기 위해 스스로 거세하는 것도 상징적이었다. 모두가 손에 넣고자 다퉜던 것이 실은 치명적인 것이었다. 탐욕이 자기 파괴로 이어지고, 권력욕이 배신으로 표출됐다.

무협지에서 정파와 사파라는 선악의 대립이 기본 구도일 터이다. 그러나 『소오강호』에서처럼 현실에서는 선과 악을 행하는 주체가 그렇게 쉽게 구분되지 않는다. 일월교의 이야기도 은유적이었다. 악을 일삼은 지도자의 교체는 단지 신악(新惡)으로의 교체였을 뿐이었다. '일통강호'라는 것도 질서의 회복이라기보다 권력의 확대와 독점이었다.

『소오강호』의 주인공들은 자신이 바라는 대로 살아가지 못한다. 사람은 강호에 얽혀 쉽게 떠날 수 없으며, 처신은 자신의 마음대로 할 수 없는 것이다(人在江湖 身不由己). 그런데 주인공인 영호충은 정파, 사파의 도식을 뛰어넘어 자유로운 무협정신을 구가한다. 그는 진정한 유협이요, 호걸이었다.

『소오강호』의 이야기는 무협을 소재로 하지만, 기실은 깊은 인문정신을 구현하고 있다. 저널리스트이자 무협소설가인 진융을 이번 중국인문기행에서 만난 사람들의 반열에 넣고 싶다. 그의 죽음에 삼가 조의를 표한다.

(경남신문 2018-11-07)

중국 서쪽 지방 청두는 인문기행에 적합한 곳이었다. 더욱이『삼국지』의 현장이었다. 그런데 아미산은 또 다른 분위기였다. 무협지적 분위기를 자아내는 곳인데, 마침 진융의 사망 소식을 들었다. 무협지에 과문한 나에게도 강한 인상을 준 작가였다.

중원을 거닐다 화산에 오르다

"중국을 여러 차례 다녀왔지만 '시안[西安]'을 다녀오지 않으니 중국을 다녀왔단 말을 하기가 좀 그렇더라고요." 이탈리아 로마에 다녀온 지 얼마 되지 않았음에도 서둘러 중국인문기행에 합류한 분의 말이었다. 시안과 그 일대는 중국 고대의 오랜 중심 무대였다. 나야말로 이번 기회를 놓치기 싫었다. 독서에 매진하고자 일에서 물러난 상황인데도 시간과 경비를 내어 참석했다.

'산시성[陝西省]'의 성도(省都)인 시안은 중국의 '고도(古都)'였다. 진시황릉과 병마용갱은 첫 통일제국인 진(秦)의 위용을 드러냈다. 한(漢)과 당(唐)의 도읍지로서, 우리에게는 '장안(長安)'이란 이름으로 더 익숙하다. 부근에 한무제의 무릉, 당태종의 소릉, 당고종과 측천무후의 건릉이 있었다. 대명궁과 장안성 등은 당나라의 전성기를 보여주었다. 대안탑 등 불교 관련 유적과 서역의 흔적들이 개방적인 국제도시였음을 보여주었다.

'관중(關中)'이라고 불린 시안 일대는 황하의 지류 등 여러 강이 종횡으로 흐르고 있어 비옥한 곳이었다. 남쪽에는 친링[秦嶺] 산맥이 동서로 병풍처럼 가로질러 있었다. 이 지역은 중국 고대의 역사에서 이른바 '중원'이라 할 수 있다. 항우가 이곳 관중을 소홀히 한 점이 건달 유방에게 패배한 원인의 하나로 꼽히고 있다.

그런데 중원의 주인이 따로 있었던가? 중원은 그저 중앙에 있는 땅일 뿐이다. 중원의 주인 자리는 늘 변방의 새로운 도전자에게 넘어갔다. 주(周)나라도 앞선 상(商, 殷)나라의 서쪽 변방에 있던 나라였다. 진(秦)나라도 서쪽 변방의 나라였다. 항우와 유방도 남방의 변두리 사람이었다. 당나라의 건국 세력도 북방 유목민족 출신이었다.

더욱이 활동무대가 확장되면서 중원은 달라질 수밖에 없다. 전통적 중심이었던 이 도시가 서쪽을 가리키는 서안이나 서경으로 이름이 바뀌었듯, 중심은 옮겨 갔다. 지구촌이 하나가 된 오늘날에는 더더욱 중심이란 관념에 얽매일 필요가 없을 것이다.

치산현에는 주나라 주공의 사당이 있었다. 입구에는 '夢見周公(몽견주공: 꿈에 주공을 보다)'이라 새긴 비석이 있었다. 공자가 꿈에 주공이 보이지 않는다며 한탄했던 사실에서 딴 문구이다. 그만큼 공자는 주나라의 주공을 존숭했다. 주공은 왕위에 연연하지 않으면서도 아버지 문왕과 형 무왕, 그리고 조카 성왕을 도와 공(功)을 이루고 치(治)를 이룬 인물이었다. 주나라를 연원으로 한 '중화' 내지 '화이'의 관념은 확장되고 변주되었다.

조선의 선비들은 주공과 공자를 존숭하며 화이의 관념에 젖어 들었다. 선진 문명을 동경하고 배우는 것은 문화적 안목과 역량을 높이는 데 큰 도움이 되었다. 그러나 좋은 생각도 경직된 이념이 되면 폐해를 낳는다. 수입된 화이론의 폐해는 더욱 심했다. 문명과 오랑캐의 이분법에 사로잡혀, 한쪽은 무조건 높이고, 다른 한쪽은 근거 없이 무시한다. 현실을 도외시하고 정신승리에 자족하며, 내부의 다른 생각을 억압했다. 이런 폐해가 비단 조선시대에만 한정된 것이겠는가.

이번 여행 일정상 하이라이트라 할 수 있는 곳이 화산(華山)이었다. 여행 초기에 날씨가 불순했지만, 화산에 오를 때는 아주 쾌청했다. 화산은 약 2,200m 높이로, 중국의 유명한 오악(五岳) 중 하나이다. 북쪽으로 오르내리는 케이블카는 각도가 아주 가팔랐다. 깎아지른 바위로 이뤄진 화산은 무협지적 상상력을 불러일으키기에 충분했다. 북봉(北峯)엔 진융[金庸]이 '화산논검(華山論劍)'이라 쓴 비석이 세워져 있었다. 『소오강호』를 떠올렸다. 화이(華夷)와 정사(正邪)의 이분법을 넘어서는 정서가 매력적이었던 진융의 대표작이다.

이번 중국 여행은 중원 제국의 영고성쇠를 돌아보는 기회였다. 마침 미·중 대결이 조성되는 작금이다. 양자택일의 이분법적 사고를 벗어날 수 있으면 좋겠다. 내부적으로 건강하고 외부적으로 관용적인 질서를 추구하는 나라가 패권을 얻는 것은 아닌가 하는 생각도 해본다. 일주일간의 여행을 다시 복기하는 것도 만만치 않지만, 앞으로 사마천의 『사기』를 비롯한 중국 고전을 좀 더 현장감 있게 읽을 수 있겠다.

(다산포럼 2019-06-11)

• • •

    오래 몸담았던 다산연구소를 그만두고 나서 합류했던 중국인문기행이어서 감회가 달랐다. 코로나 19로 당분간 중국 여행이 여의찮을 터라, 이미 다녀온 중국인문기행의 경험이 더욱 소중하게 느껴진다. 중원이 있고 나서 변방이 있는 것이 아니라, 변방을 많이 갖게 되면 그곳이 중원이 되는 것이 아닌가 하는 역발상도 해보았다.

주인처럼 나그네처럼

신경준(申景濬, 1712~1781)의 『도로고(道路考)』 서문에 이런 대목이 있다.

"사람은 머묾이 있고 다님이 있다. 머무는 것은 집에서 머물고, 다니는 것은 길에서 다닌다. ⋯ 길의 중요함은 집의 중요함과 대등하다고 말할 수 있다. 그런데 집은 자신이 홀로 있는 곳이요, 길은 남들이 함께하는 곳이다. 백성들이 집에는 공을 들이지만, 길은 소홀히 한다."

길이 집만큼이나 중요한데도, 집은 잘 챙기면서 함께 쓰는 길은 소홀히 한다는 것이다. 그것은 길이 주인이 없기 때문이었다. 그래서 길은 정치하는 사람이 잘 관리해야 한다는 것이 글의 맥락이었다. 그런데 이 대목은 몇 가지 생각을 더 하게 한다.

먼저 '길'에 대한 생각이다. 길은 사람들이 지나다니는 곳이다. 길이란 사람들이 다녀서 만들어지고, 사람들이 다님으로써 길이 유지된다. 길이란 본디 독점과는 거리가 멀다. 길이란 모든 사람에게 열려 있다. 만약 길의 본래 속성과 다르게, 어떤 길이 누군가의 독점 때문에 막힌다면 다른 길이 열릴 것이다.

길의 가치는 어떻게 쓰는가에 달렸다. 곧 쓰는 사람에 달렸다. 같은 길이라도 교역과 평화의 길일 때가 있는가 하면, 재앙과 전쟁의 길이 될 때도 있다. 최근 코로나 19로 인해 평소 열려 있던 길에 여러 제한 조치가 취해졌다. 상황에 따라 일시적으로 길을 막을 수도 있겠지만, 길이란 누구나 자유롭게 다닐 수 있도록 통하여 있는 것이 바람직한 세계의 모습일 것이다.

길에 주인이 없어 길이 잘 관리가 되지 않는다는 신경준의 지적이 흥미롭다. 마치 공공재의 비극을 연상케 하기 때문이다. 어떤 사물이든 사안이든 주인과 손님, 또는 주인과 노예의 태도가 같을 수 없다. 일하는 에너지도 일의 성과도 다르다. 그래서 일터에서는 일하는 자신을 위해, 일의 성취를 위해 '주인의식'을 강조하곤 한다.

길을 향유하는 것은 개인적 차원에서 이뤄지더라도, 길을 관리하는 것은 공동체적 노력이 요구된다. 신경준의 글은 도로 관리의 중요성을 말하는 것이었지만, 길은 주인이 없어 누구나 주인처럼 향유할 수 있다는 의미로 인용되기도 한다. 길을 개인이 배타적으로 소유하는 것은 적합하지 않지만, 길의 본래 용도에 따라 이용하는 것은 누구나 주인처럼 할 수 있다.

그런데 '주인의식'이란 게 반드시 좋은 면만 있을까. 혹시 과도한 집착과 독점욕 현상이 지나친 '주인의식'에서 비롯된 것은 아닐까. 주인이란 것도 한계가 있다는 생각을 해야 건전하지 않을까.

다산 정약용이 자식에게 이런 얘기를 한 적이 있다. 어떤 집과 관련해서 집문서를 조사해본 적이 있는데, 집주인이 자주 바뀌는 게 참으로 무상하더라는 것이다. 소유란 것이 그다지 지속적이지 못하다는 사실을 깨우쳐 주는 얘기였다. 소유뿐이 아니다. 머묾이란 것도 영원할 수가 없다. 그것 또한 지나가는 것이다. 다만 길고 짧다는 차이가 있을 뿐이다. 주인이란 지위는 한시적이다. 인간은 시간적·공간적으로 유한한 존재이기 때문이다.

요즘엔 세상사가 모두 지나가는 것이란 생각이 많이 든다. 시간도 그렇고, 공간도 그렇고. 집주인도, 잠시 묵게 된 손님도, 모두 '지나가는 사람'이다. 단지 머무는 시간이 다르고, 향유하는 공간 영역이 다른 차이가 있을 뿐이다. 인생은 나그네길이란 말에 새삼 공감하지 않을 수 없다. 그렇다고 인생이 허망한 것일 수 없다. 세상에 덧없지 않은 게 또 무엇이 있겠는가. 아무리 아름다운 것도 결국 지나가는 것이다. 오히려 짧게 지나갈수록 더욱 아름답게 느껴지기도 한다.

그렇다면 주인으로 또는 주인의식을 갖고 적극적으로 살아가더라도, 한편으론 지나가는 사람일 뿐이라는 생각을 하는 게 낫다. 아니, 거꾸로 생각하는 게 더 나을 수 있다. 나는 잠시 지나가는 사람일 뿐이지만, 그동안은 주인처럼 살아야 한다고. 주인으로서 향유하되, 곧 비워줄 것을 준비하면서.

(경남신문 2020-02-18)

• • •

　신경준의 『도로고』 문구는 길에 따로 주인이 없다는 의미로 인용되곤 한다. 원래 글의 맥락과 좀 차이가 있다. 아무튼 길과 주인과 나그네, 나아가 인생을 생각해볼 거리를 주었다. 나그네지만 주인처럼 살고, 주인으로 살되 집착하지 말고 나그네처럼 떠날 준비를 하자. 내게 새기는 말이다.

실학의 숲에서 오늘을 보다

초판 1쇄 발행 2021년 7월 28일

지은이 ǀ 김태희
펴낸이 ǀ 박유상
펴낸곳 ǀ (주)빈빈책방
편   집 ǀ 강동준
본문디자인 ǀ 강동준
표지디자인 ǀ 기민주

등   록 ǀ 제406-251002017000115호
주   소 ǀ 경기 파주시 회동길 325-12, 3층
전   화 ǀ 031-955-9773
팩   스 ǀ 031-955-9774
이메일 binbinbooks@daum.net
페이스북 /binbinbooks
네이버블로그 /binbinbooks
인스타그램 @binbinbooks

ISBN 979-11-90105-23-1 03300